财政部规划教材
全国高职高专院校财经类教材

直播营销与推广运营

武汉雅博睿斯教育科技有限公司　组　编
仲　新　张国伟　主　编
丁雪莲　郭晓琴　副主编

中国财经出版传媒集团
中国财政经济出版社

图书在版编目（CIP）数据

直播营销与推广运营 / 仲新，张国伟主编；丁雪莲，郭晓琴副主编． -- 北京：中国财政经济出版社，2023.5

财政部规划教材　全国高职高专院校财经类教材

ISBN 978-7-5223-2116-5

Ⅰ.①直⋯　Ⅱ.①仲⋯ ②张⋯ ③丁⋯ ④郭⋯　Ⅲ.①网络营销－高等职业教育－教材　Ⅳ.①F713.365.2

中国国家版本馆 CIP 数据核字（2023）第 052945 号

责任编辑：王佳欣	通　　读：卓文娟
封面设计：卜建辰	责任校对：徐艳丽

直播营销与推广运营

ZHIBO YINGXIAO YU TUIGUANG YUNYING

中国财政经济出版社 出版

URL：http://www.cfeph.cn

E-mail：cfeph@cfeph.cn

（版权所有　翻印必究）

社址：北京市海淀区阜成路甲 28 号　邮政编码：100142

营销中心电话：010-88191522

天猫网店：中国财政经济出版社旗舰店

网址：https://zgczjjcbs.tmall.com

北京鑫海金澳胶印有限公司印刷　各地新华书店经销

成品尺寸：185mm×260mm　16 开　11.5 印张　260 000 字

2023 年 5 月第 1 版　2023 年 5 月北京第 1 次印刷

定价：39.00 元

ISBN 978-7-5223-2116-5

（图书出现印装问题，本社负责调换，电话：010-88190548）

本社质量投诉电话：010-88190744

打击盗版举报热线：010-88191661　QQ：2242791300

编写 说明

随着电商早期的流量红利逐渐消失，流量入口逐渐从传统 PC 端过渡到移动端。直播利用了其"即时""互动"的特性，快速占领了大量移动用户市场。直播电商也凭借专业的选品、直观的商品展示、购物现场实时互动等优势，成为全民级的爆发热点，以跨越私域流量与公域流量的重要形式，形成了带动消费爆发式增长的新兴商业模式。电商直播与短视频平台的兴起，逐渐成为直播行业重要的变现形式，各个传统电商平台及品牌商开始从直播方向寻求新的营销突破口。

直播电商行业虽然取得了傲人成绩，但由于行业兴起不久，一些普通从业者和自主小品牌商，更是缺乏大众影响力、资源支持以及有效的方法，在直播电商赛道上只能盲目跟风。直播电商运营人才紧缺，国家对直播电商运营行业技能型人才的需求量也越来越大。

武汉雅博睿斯教育科技有限公司，致力于让职业教育服务社会，让企业需求融入职业教育。公司直播团队总结多年直播运营经验，配合研发部门，立足于当前直播电商行业的发展现状与趋势，旨在培养契合职业教育人才需求的直播电商运营专业人才，提升学习者职业实操实践能力。

本教材在校企合作的开发过程中，首先，坚持理实并重、工学结合，通过设计直播运营实战训练项目，内化知识、强化理论学习效果；其次，在教学内容上坚持融入职业元素，从职业岗位入手，根据企业岗位的要求，科学编写教材内容，使教材紧密贴合直播运营岗位实际工作要求；最后，在坚持组建理论研究与专业实践人才的基础上混编开发教材，相关高职院校专家与行业企业专业实践人员共同参与教材的编写，确保凸显教材的专业性、先进性、实用性，使教材与行业发展同步。

本教材共分为 9 章，主要内容包括初识直播营销、直播团队建设、直播间建设、直播营销之策划、直播营销之选品、直播营销之引流、直播营销之话术、直播数据分析、抖音直播实战操作。

本教材具有以下特色：

1. 理论结合实操，提升实战能力

本教材在讲解直播营销理论的同时，设计了大量的实操训练，通过理实结合的方式，让学习者了解并掌握相关知识点的应用。同时引入大量的企业真实案例，让学习者在学习的同时，能够了解所学知识在实际业务中的应用，做到学以致用。

2. 体例结构新颖，模块设计丰富

在结构安排上，本教材除了介绍基本理论外，首先在每章的开头设计了"情境引入"模块，以新员工刚进入公司的各种情境引出各个章节的教学主题，旨在让学习者了解相关知识点在实际工作中的应用情况;其次在章节中间穿插了"名词解释""知识链接""课堂实训""思政案例"等模块,培养学习者的思考能力和动手能力,同时通过介绍思政案例,培养学习者的个人素养;最后在每章末尾设计了"实战演练"模块,以帮助学习者更好地运用所学知识,强化动手操作能力。

3. 配套多种资源,保障学习效果

本教材提供重点知识的微课视频、配套案例的操作素材、PPT、教学大纲、电子教案、题库等教学资源。用书学校任课老师若需要上述资源,请以电子邮件的形式向中国财政经济出版社索取(请注明:学校、书名、版次),Email:caijingjiaocai@163.com,亦可登录 jiaocai.cfeph.cn 下载。

本教材由云南财经职业学院仲新副教授、曲靖职业技术学院张国伟教授担任主编。曲靖职业技术学院丁雪莲副教授、郭晓琴副教授担任副主编。仲新和张国伟共同完成了编写方案的制定和整体框架的设计。仲新负责第 1 章、第 4 章、第 8 章、第 9 章的编写,张国伟负责第 2 章、第 3 章、第 5 章的编写,丁雪莲负责第 6 章的编写,郭晓琴负责第 7 章的编写。同时,武汉雅博睿斯教育科技有限公司有关工作人员以及实战项目运营指导老师,也为教材部分内容提供了宝贵的运营经验和建议。

在编写过程中,本教材借鉴了部分直播营销与运营方面的教材以及网上资料,在此表示深深的谢意。由于软件更新频繁,本教材部分操作软件更新至 2022 年 8 月。尽管我们在编写过程中力求准确、完善,但由于我们的阅历和水平所限,书中难免有疏漏之处,恳请各位专家和广大读者批评指正!

编者

2023 年 5 月

目 录

1 初识直播营销   1
   1.1 什么是直播   2
   1.2 什么是直播营销   3
   1.3 直播平台的类型   13
   实战演练   15

2 直播团队建设   17
   2.1 直播团队组织架构   18
   2.2 直播团队的组建   21
   2.3 主播的培养   25
   实战演练   32

3 直播间建设   34
   3.1 直播间布置   36
   3.2 直播间设备配置   45
   3.3 直播间道具配置   53
   3.4 直播间灯光布置   55
   实战演练   57

4 直播营销之策划   59
   4.1 直播营销的基本流程   60
   4.2 直播活动流程方案   65
   4.3 直播活动脚本设计   67
   实战演练   71

5 直播营销之选品   73
   5.1 直播选品策略   74
   5.2 商品定价策略   75

5.3　选品配置比例　　　　　　　　　　　　　77
5.4　蝉妈妈选品实操　　　　　　　　　　　78
实战演练　　　　　　　　　　　　　　　　81

6　直播营销之引流　　　　　　　　　　　83
6.1　直播预热　　　　　　　　　　　　　　85
6.2　直播标题设置　　　　　　　　　　　　92
6.3　直播封面设计　　　　　　　　　　　　94
6.4　直播海报设计　　　　　　　　　　　　98
6.5　直播互动　　　　　　　　　　　　　　101
6.6　直播推广　　　　　　　　　　　　　　105
6.7　粉丝运营　　　　　　　　　　　　　　111
实战演练　　　　　　　　　　　　　　　　114

7　直播营销之话术　　　　　　　　　　　116
7.1　直播营销话术设计　　　　　　　　　　118
7.2　不同品类的商品话术　　　　　　　　　123
实战演练　　　　　　　　　　　　　　　　129

8　直播数据分析　　　　　　　　　　　　131
8.1　数据分析基本思路　　　　　　　　　　132
8.2　数据分析常用指标　　　　　　　　　　139
8.3　直播复盘　　　　　　　　　　　　　　147
实战演练　　　　　　　　　　　　　　　　154

9　抖音直播实战操作　　　　　　　　　　156
9.1　认识抖音直播　　　　　　　　　　　　157
9.2　抖音直播基本流程　　　　　　　　　　161
9.3　直播数据分析　　　　　　　　　　　　174
实战演练　　　　　　　　　　　　　　　　175

1 初识直播营销

▶ **知识目标：**

1. 了解直播营销
2. 熟悉直播营销的常见形式
3. 熟悉主流的直播平台
4. 掌握直播营销的发展趋势

▶ **技能目标：**

1. 能够了解直播营销的基本概念
2. 能够掌握当下主流的直播平台
3. 能够掌握直播营销的发展趋势

▶ **思政目标：**

1. 培养学生对直播营销的正确认识，树立正确的价值观
2. 提高学生的创新意识和创业精神
3. 培养学生认真严谨的工作作风，激发学生的求知欲

2　直播营销与推广运营

▶ 知识概览：

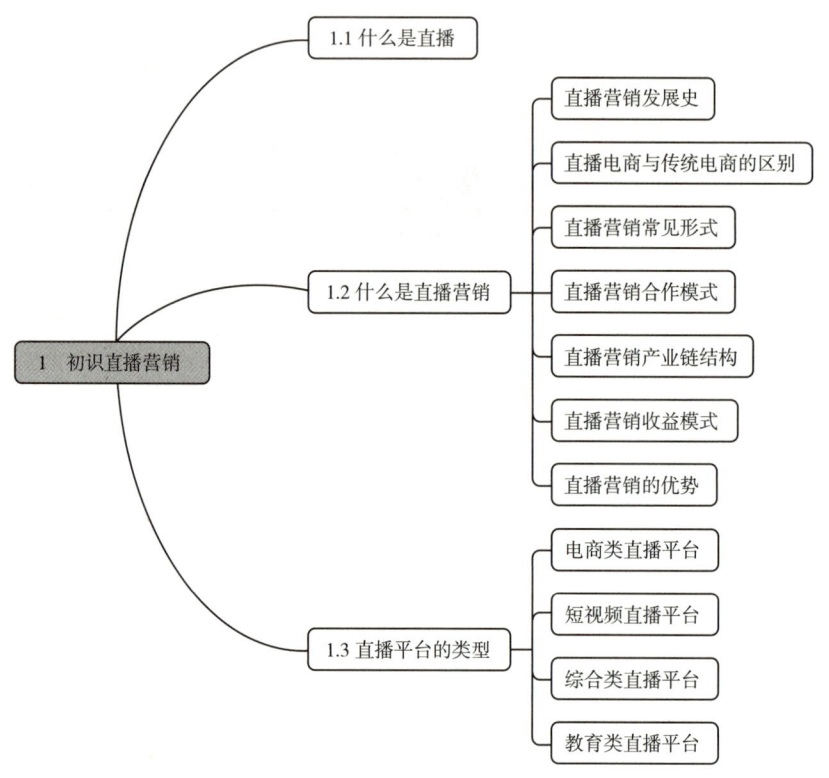

情境引入

随着互联网红利的逐渐消失，以直播为载体的内容营销正火爆兴起。小李是公司产品销售部门的一名实习生，有一天销售部经理对他说，公司打算通过线上直播营销的方式进行产品的宣传和售卖，并且要能看到成效，需要他带领团队完成平台的搭建以及直播营销的整体策划。听完后小李一直在思考，如何才能顺利完成领导安排的任务呢？

1.1　什么是直播

在电子商务蓬勃发展的态势下，人们的生活方式和消费习惯发生了巨大的变化，直播购物习惯逐渐养成，直播营销产业链逐渐成形，加之 5G 技术的进一步普及和运用，直播营销引领内容营销的新潮流应运而生，直播为电商行业注入了新的活力。2016 年是能够在直播的发展史上载入史册的一年，电商平台的直播在这一年上线，至今已经走过了近 8 个年头。

什么是直播

什么是直播？目前，对直播的定义主要包括以下两个方面。

（1）传统意义上的直播，是指广播电视节目的后期合成与播出同时进行的播出方式，如以电视或广播平台为载体的体育比赛直播、文艺活动直播、新闻事件直播等。

（2）基于互联网的直播，即用户以某个直播平台为载体，利用摄像头记录某个事件的发生、发展进程，并在网络上实时呈现，其他用户在相应的直播平台上能直接观看并进行实时互动。

如今直播通常是指网络直播（见图1-1），也称为互联网直播，是指用户在PC端或者移动端安装直播软件，利用摄像头进行实时记录，用户可以通过直播平台观看与实时互动。

图1-1 某品牌直播间截图

课堂讨论

做个小调查，身边的人都在哪些平台上看直播？最让你难忘的直播间是什么？

1.2 什么是直播营销

直播营销是指KOL通过视频直播、短视频等形式推荐所卖货品并最终成交的电商形式，随着直播行业的蓬勃发展，企业、品牌商也纷纷运用直播来开展营销活动，实现销售渠道的开拓和销售额的提升。

什么是直播营销

名词解释

KOL是指关键意见领袖，通常被定义为拥有更多、更准确的产品信息，且被相关群体所接受或信任，并对该群体的购买行为有较大影响力的人。

1.2.1 直播营销发展史

> **知识链接**
>
> 从某种程度上看,直播的发展历程也是直播营销价值的发掘过程。直播电商的行业发展由平台主导,2016年蘑菇街开启直播电商业务,提升用户黏性、变现流量。2017—2018年直播MCN机构、供应链开始出现,苏宁、快手、抖音、京东均开始试水直播电商业务。
>
> 2019年直播电商进入高速成长,抖音、快手直播带货金额快速增长,主播、MCN机构均迎来发展机遇,腾讯、小红书、拼多多推出直播电商业务。目前直播电商平台主要分为电商平台及社交平台两类。

> **名词解释**
>
> 多渠道网络服务机构又称为多频道网络业态,简称MCN,即"Multi-Channel Network"。MCN模式源于国外成熟的网红经济运作,其本质是一个多频道网络的产品形态,将专业生产内容(PGC)联合起来,在资本的有力支持下,保障内容的持续输出,从而最终实现商业的稳定变现。

网络速度和硬件水平是影响互联网直播发展的重要因素。受这两个因素的制约,互联网直播行业的发展历史可分为图文直播、秀场直播、游戏直播、移动直播、电商直播五大阶段(见图1-2)。

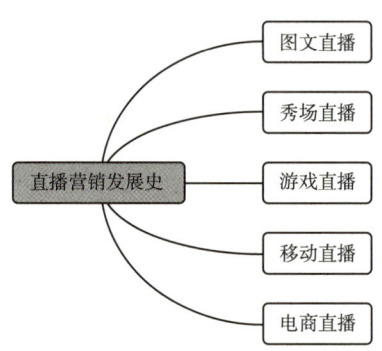

图1-2 直播营销发展史

1. 图文直播

图文直播是指以图片、文字的形式在现场直播活动、赛事、会议等,以图文的形式展现实时动态,区别于视频直播、语音直播。

拨号上网与宽带上网刚兴起的时候,网速普遍偏慢,网民上网以聊天、看新闻、逛论坛为主。因此,这一时期的直播形式仅支持文字或图片,网民通过论坛追帖、即时聊天工具分享等形式,了解事件的新进展。

2. 秀场直播

秀场直播是模仿传统的选秀节目而搭建的直播平台，主播通过发挥唱歌、跳舞等特长博取观众喜爱。秀场直播门槛相对较高，以美女主播居多，目前正由用户生成内容（UGC）转化为专家生成内容（PUGC），趋于专业化、垂直化，增强用户黏性。

随着网速的提升，视频直播应运而生。但受制于计算机运行速度及内存容量限制，网民无法同时打开多款软件进行"一边玩游戏一边直播"或"一边看体育比赛一边做解说"等操作，仅支持利用网页或客户端观看秀场直播。

3. 游戏直播

游戏直播是指主播通过直播的形式玩当下热门游戏或猎奇游戏，并与观众聊天或解说。

随着计算机硬件的发展，网民可以通过计算机进行多线操作，一边听YY语音直播、一边玩游戏的形式开始出现，游戏直播开始兴起。旅游直播、美食直播、唱歌直播等多种直播类型中，游戏直播是最受年轻人喜欢的一种直播类型。2008年，主打语音直播的YY语音面世，并受到游戏玩家的推崇，2014年斗鱼直播上线，国内PC端游戏直播平台初具模型。

4. 移动直播

移动直播是指支持在手机上直播的技术和平台。随着通信设备的发展，移动直播已经成为一种必然趋势，如YY、映客、斗鱼TV、战旗TV等平台的市场前景广阔。

移动直播的UGC生产模式比PC端的直播更方便，人人都有设备，随时随地开播，顺应了互联网时代的开放性原则，能刺激更多人去创造和传播优质内容。

5. 电商直播

电商直播是指在互联网上通过现场直播的方式售卖商品，是一种消费场景的转换，把线下或者电商平台的店铺转换到直播间。

电商直播是一个云上交流会，主播和消费者实时互动，这种特性决定了消费者能够快速了解商品，提出疑问，而主播也能够根据各种问题提出做相应解答，大大缩短成交时间。

知识链接

"观看电商直播"操作指南

（1）打开点淘App，点击"直播"图标，如图1-3所示。进入直播频道，图1-4所示的直播频道包括穿搭、美食、美妆护肤、珠宝等直播内容。

（2）点击直播画面，进入直播间观看直播，如图1-5所示，上下滑动可切换直播。

（3）也可以点击直播频道界面右上角的搜索框，输入"美妆"文本内容，搜索美妆直播，搜索结果展示如图1-6所示，点击相应的缩略图即可观看对应的直播。

图1-3 点击"直播"图标

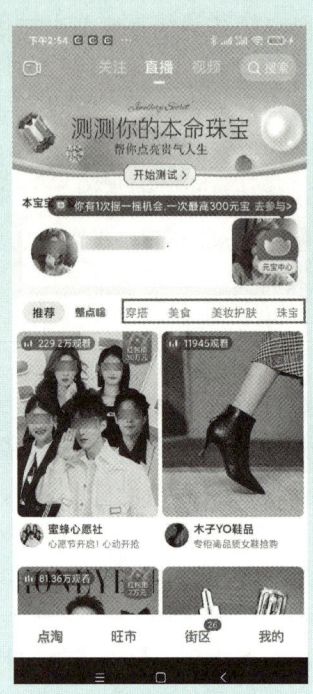

图1-4 直播频道内容

图1-5 观看相应直播

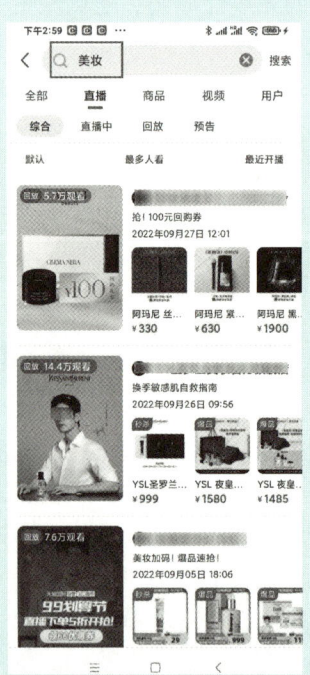

图1-6 搜索结果展示

课堂实训

观看一场电商直播不少于 30 分钟。观看结束后,请根据表 1-1 罗列测评内容,谈一谈自己对直播销售商品的认识。"直播效果"参考指数:观看人数;人员的流动情况;用户对商品的问询情况;用户对活动的问询情况等。

表 1-1　　　　　　　　　　　　　直播观后感

序号	评测内容	影响占比
1	主播的个人形象对直播效果的影响	
2	主播的语言表达对直播效果的影响	
3	直播间的互动活动对直播效果的影响	
4	商品价格对直播效果的影响	

1.2.2　直播电商与传统电商的区别

直播为电商赋予新的发展动能,快手、抖音、拼多多等平台已经切入直播电商渠道。其中拼多多、京东等电商平台增加直播模块,探索电商内容化,通过直播增加电商平台流量;快手、抖音等短视频平台增加电商模块,探索内容电商化,为已有流量变现。

与传统电商相比,直播电商具有去中心化、强标签化、强互动性等特点。传统电商与直播电商的区别如表 1-2 所示。

表 1-2　　　　　　　　　　　传统电商与直播电商的区别

比较标的	传统电商	直播电商
展现形式	图片、文字	视频
流量分发	中心化平台流量分发	以 KOL 为入口流量分发
用户标签	标签化较弱,仅根据购物记录等个性化推荐	个性化推荐为核心,根据用户关注打各类标签
互动形式	文字互动,用户通过图片了解商品、品牌	直播可以与粉丝实时互动,全方位介绍产品

名词解释

粉丝是英语"Fans"的谐音,是指支持崇拜某明星或某博主的一种群体。多数是年轻人,有着时尚流行的心态。

1.2.3　直播营销常见形式

随着互联网技术的深入发展,网络直播生态链备受关注,网络直播用户规模持续上升,直播行业拥有巨大的市场发展空间。从现在主要的直播营销的模式来看,直播营销的模式主要有单品直播、店铺直播、产地实地直播、商场代购直播、秒杀(抢购)直播 5 种模式。

1. 单品直播

这种模式是主播宣传某一个或者几个单品,着重介绍这几个产品,产品没有局限性,吃的、穿的、用的等都可以，以亲身试用居多，带给消费者切身体验，拒绝踩雷。这种模式深得消费者和粉丝的心。

2. 店铺直播

这种模式多为电商平台，如拼多多等平台店铺发起的直播，宣传推广本店产品，这种直播只限于本店宣传。

3. 产地实地直播

这种模式是走进原产地现场直播，多为农产品或者水果之类，直接到产地购买、发货，性价比高，消费者对产品品质也比较放心，省去中间商的差价。

4. 现场代购直播

这种模式是代购最常用的方式，现场代购直播以国外代购居多，价格相比国内有优势，代购在商场现场直播能提高信任度，但是往往镜头模糊不清，会比较浪费时间。

5. 秒杀（抢购）直播

这种模式可以理解为饥饿营销，优惠就这么多，晚了就没了。主播和品牌商合作，帮商家带销量，给粉丝谋福利，主播详细介绍商品的核心价值，拿出一定数量的产品，以低于消费者正常购买的价格回馈粉丝，限时/限量销售（见图1-7）。

图1-7　秒杀（抢购）直播

现如今，随着直播电商的不断发展，除了以上5种直播模式外，还有各式各样的直播形式。例如，产地直销式直播、商品分享式直播、现场制作并体验式直播、教学培训式直播、开箱测评式直播、才艺表演式直播等，目前，很多行业都会利用直播这种方式来展开营销之战。此外，也有很多商家会利用直播进行宣传推广。

思政小课堂

作为消费者，在直播间购买商品时，应该理性对待，详细了解商品用途，多看评价，不能一味盲目下单，或抱有大众心理，别人买自己也买；作为主播，也应该实事求是，诚实守信，不一味夸大产品用途，不欺骗消费者，在直播间要正确引导，倡导消费者理性消费。

1.2.4　直播营销合作模式

在供应商与主播的合作中,直播营销的合作方式主要有两种,分别是专场包场和整合拼场。

1. 专场包场

专场包场是指供应商包场,整场直播所推荐的商品都是一家供应商提供的商品,可以是同品牌商品,也可以是一家供应商旗下的多品牌商品。其特点是合作费用高,但营销效果较好。

2. 整合拼场

简单说,整合拼场是指主播在同一场直播中推荐多家供应商的商品(见图1-8)。其特点是合作费用低,但营销效果不能预估。

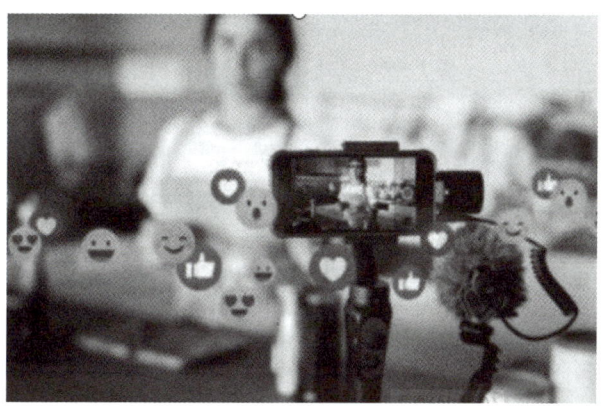

图1-8　整合拼场直播

1.2.5　直播营销产业链结构

1. 以电商平台为基础

直播电商生态中,上游主要为品牌商、工厂或批发商,中游主要为达人主播、MCN机构,下游为用户。上游以品牌商为主,中游以商家自播为主、达人主播为辅,其中商家自播主要为店铺导购等内部人员直播带货,达人主播多与MCN机构合作通过MCN对接品牌商,少数直接对接品牌商并参与销售分成。

MCN机构为主播提供网红孵化、内容输出、推广营销、供应链/品牌管理等服务,并与网红分成。

直播营销产业链结构如图1-9所示。

2. 以社交平台为基础

以抖音为代表的社交平台电商处于发展初期,产业链上游对接品牌商、工厂及经销商,中游为达人主播、MCN机构,下游为用户。

在产业链中,短视频直播平台完成前端导流、展示场景等环节,下单、支付、物流等主要通过外部平台完成,包括拼多多、有赞、苏宁等,此外快手也推出快手小店、魔筷精选。

短视频直播营销产业链结构如图1-10所示。

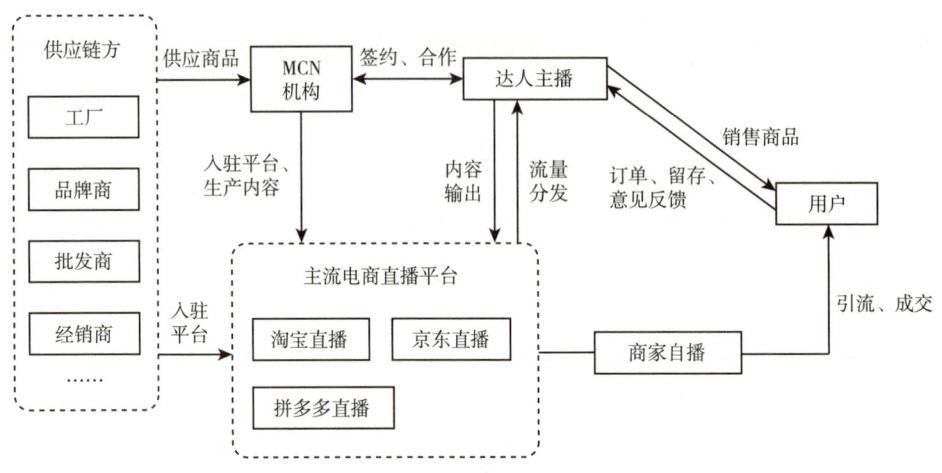

图1-9 直播营销产业链结构

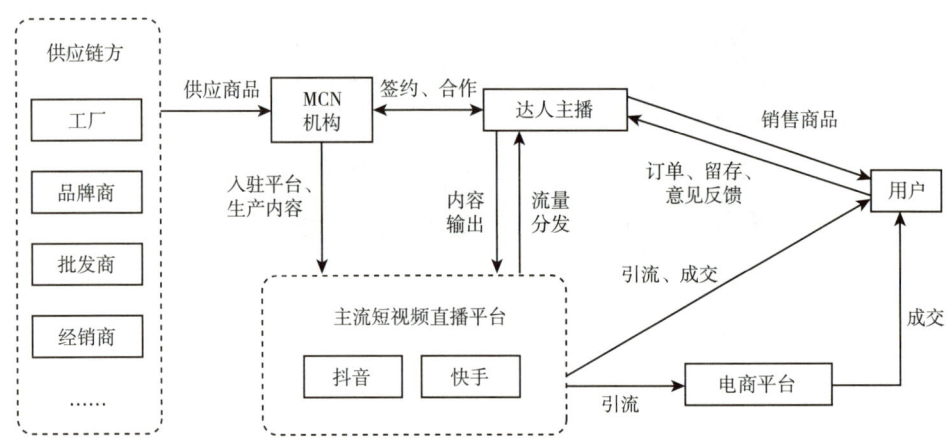

图1-10 短视频直播营销产业链结构

1.2.6 直播营销收益模式

直播营销收益模式最具代表性的是纯佣金模式和"佣金+坑位式"模式。

1. 纯佣金模式

纯佣金模式是指企业或品牌商根据直播商品的最终销售额，按照事先约定好的分成比例向主播支付佣金。

2. "佣金+坑位式"模式

"佣金+坑位式"模式是指企业或品牌商不仅要向主播支付固定的坑位费，还需要根据商品的最终销售额按照约定好的分成比例向主播支付相应的佣金。

思政案例

案例一：2021年12月，浙江省杭州市税务局稽查局经税收大数据分析发现，网络主播黄某在2019年至2020年期间，通过隐匿个人收入、虚构业务转换收入、虚假申报等方式偷逃税款6.43亿元，其他少缴税款0.6亿元，依法对黄某作出税务行政处理处罚决定，追缴税款、加收滞纳金并处罚款共计13.41亿元。

案例二：2022年6月，江西省抚州市税务局通过税收大数据分析，发现网络主播徐某涉嫌偷逃税款，在相关税务机关配合下，依法对其开展了税务检查，并按照相关法律法规规定，对其追缴税款、加收滞纳金并处罚款共计1.08亿元。

案例三：2022年6月，厦门市税务局稽查局通过税收大数据分析，发现网络主播范某在2017年7月至2021年12月期间，申报少缴个人所得税167.89万元，少缴其他税费100.56万元，依法对范某追缴税款、加收滞纳金并处罚款共计649.5万元。

[温馨提醒]

《中华人民共和国税收征收管理法》第六十三条第一款规定：对纳税人偷税的，由税务机关追缴其不缴或者少缴的税款、滞纳金，并处不缴或者少缴的税款百分之五十以上五倍以下的罚款。

[职业思考]

直播经济的蓬勃发展，捧红了许多主播。流量越大责任越大，网络主播在享有直播带来的掌声与利益之余，更应扛起相应的社会责任。网络直播不是法外之地，纳税是公民义务，凡属故意偷逃税，都会被依法严惩，谁都不能例外。所有网络主播应该"对镜自查"，警示自己提高守法意识和社会责任感，遵从税法、敬畏法律，这样才能成为"真流量"，赢得市场、赢得尊重，直播行业才能行稳致远、健康发展。

1.2.7 直播营销的优势

卖家通过直播电商在线上与消费者的直播互动，完成了直播流量变现，也为商家突破了传统销售的瓶颈。那么，与传统电商相比，直播电商有什么优势呢？

1. 商品真实，具有及时互动性

与传统电商不同，直播电商直播模式有多维度、立体化、更直观、更真实、互动性强等特点。消费者通过主播对产品的试用体验、与主播的互动等，能够融入购物场景中，更加直观地看到商品的细节，提升体验感（见图1-11）。

2. 提升知名度，扩大品牌效应

现在很多品牌商的直播间都会邀请网红主播，或者邀请明星到直播间为品牌商站台，和观众互动。很多消费者对于自己喜欢的主播推荐的货品一般都会支持购买，这种做法在提升商品销量的同时，也提高了品牌的知名度。

图1-11 主播对产品的使用体验分享

> **知识链接**
>
> "品牌效应"即品牌在产品上的使用,为品牌使用者带来的效益和影响。最初的品牌是为了便于识别商品,在近代和现代商品经济的高度发展下,品牌得以迅速发展,给生产者带来了巨大的经济效益和社会效益,而品牌效应也逐渐被企业所重视。

3. 节省时间,方便快捷

现在商品的种类五花八门,品类增加的同时,也在一定程度上增加了消费者的时间成本。找到一款适合自己、性价比高的商品耗时不少。直播带货的出现,帮助消费者节省选品时间,通过实时互动性打消用户的疑虑。同时用户下单方便快捷,物美价廉(见图1-12)。

图1-12 某主播直播间

4. 促成下单更容易

由于每场直播时间有限，紧张的时间和紧张的商品讲解，让用户很容易产生同理心态。直播间将主播试吃、试玩、试用等过程直观地展示在用户面前，更快捷地将用户带入营销所需场景。主播和粉丝之间很容易产生消费信任感，这种信任感也是影响商品回购率的因素。

5. 节省成本，发展空间大

电商平台线上主要通过图片、视频内容等来呈现商品，而直播一方面可以通过主播对产品即时性体验，增强用户对商品的真实感知，提升其消费信赖感。另一方面通过平台对产品的详细审核，形成系统化的推荐方式，中间省去了很多传统商店所需要的成本，如店面租金、仓储压货等，从零售的角度来看，直播电商成本低、门槛低，发展空间较大。

> **课堂讨论**
>
> 请你站在用户的角度，谈谈直播营销还有哪些优势？

1.3 直播平台的类型

直播平台是直播产业链中不可或缺的一部分，它为直播提供了内容输入和输出的渠道。根据直播平台的主打内容来划分，目前市场上的直播平台可以分为电商类直播平台、短视频类直播平台、综合类直播平台和教育类直播平台 4 种类型。

直播平台的类型

1.3.1 电商类直播平台

电商类直播平台主要是指以为用户提供商品营销渠道为主的平台（见图 1 – 13），如京东直播、拼多多直播等。

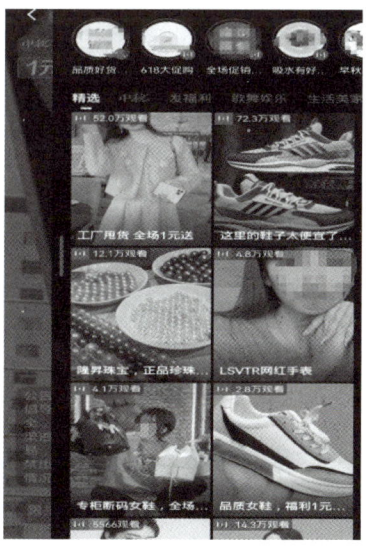

图 1 – 13　电商类直播平台

1.3.2 短视频直播平台

短视频直播平台是指用户在平台上不仅可以发布自己创作的短视频内容，还能通过直播展示才艺、销售商品的一种展示平台（见图1-14）。例如，我们常见的抖音直播、快手直播、哔哩哔哩直播等。

图1-14 短视频类直播平台

1.3.3 综合类直播平台

综合类直播平台是指包含户外、生活、娱乐、教育等多种直播类目的平台，用户在这类平台上可以观看的内容较多（见图1-15）。代表平台有斗鱼、虎牙、YY直播、花椒直播等。

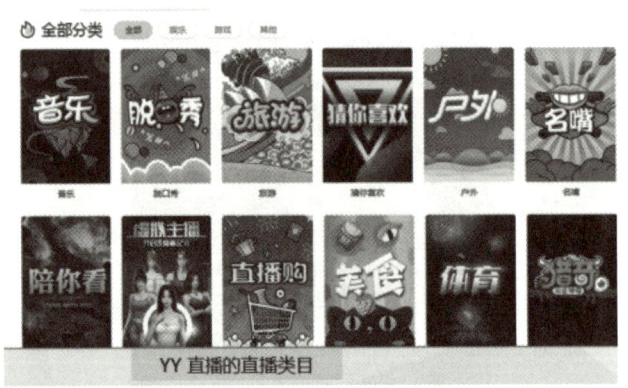

图1-15 综合类直播平台

1.3.4 教育类直播平台

教育类直播平台是指支持知识分享者采取视频直播或语音直播的形式与用户分享知识的以教育为主线的直播平台（见图1-16）。主要的代表平台有网易云课堂、千聊、荔枝微课等。

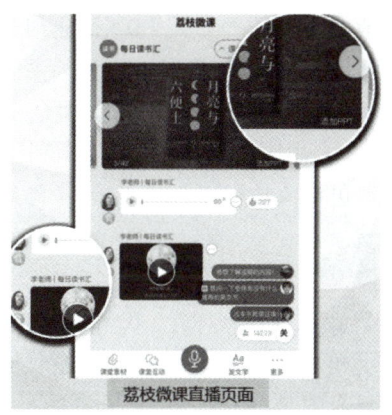

图 1-16 教育类直播平台

> **课堂讨论**
>
> 请从用户的角度出发，谈谈你对直播营销的未来展望。

实战演练

一、单项选择题

1. 电商直播上线是（　　）年。
   A. 2015　　　　　B. 2016　　　　　C. 2017　　　　　D. 2018
2. 互联网直播行业的发展历史可分为五大阶段不包括（　　）。
   A. 图文直播　　　B. 移动直播　　　C. 电商直播　　　D. 点淘直播
3. 走进原产地现场直播，多为农产品或者水果之类的直播营销模式是（　　）。
   A. 店铺直播　　　　　　　　　　　B. 产地实地直播
   C. 秒杀（抢购）直播　　　　　　　D. 才艺表演式直播
4. 目前市场上的直播平台可以分为哪 4 种类型（　　）。
   A. 综合类直播平台、电商类直播平台、短视频类直播平台、教育类直播平台
   B. 综合类直播平台、电商类直播平台、产品类直播平台、教育类直播平台
   C. 综合类直播平台、产地类直播平台、短视频类直播平台、教育类直播平台
   D. 秒杀类直播平台、电商类直播平台、短视频类直播平台、教育类直播平台
5. 网易云课堂、千聊、荔枝微课等属于（　　）。
   A. 综合类直播平台　B. 教育类直播平台　C. 电商类直播平台　D. 以上都是

二、多项选择题

1. 关于直播营销的发展趋势，说法正确的是（　　）。
   A. 监管入局，直播行业规范化　　　　B. 技术升级，直播场景多元化

C. 团队运作，直播内容专业化 D. 行业细分，直播领域垂直化
2. 直播营销收益模式中最具代表性的是（　　）。
A. 纯佣金模式 B. "佣金＋坑位式"模式
C. "广告"模式 D. "福利＋坑位"模式
3. 构成直播营销的三大要素包括（　　）。
A. 人 B. 货 C. 场 D. 宣传
4. 关于直播电商的营销优势说法正确的有（　　）。
A. 增强商品的真实感和消费者互动性 B. 提升知名度，扩大品牌效应
C. 直播场景不太容易促成下单 D. 标签化弱，成本高
5. 以下属于直播间的选品要求的是（　　）。
A. 符合定位 B. 高性价比 C. 有售后保障 D. 有细节把控

三、名词解释
1. 直播
2. 直播营销
3. 品牌效应
4. 移动直播
5. 电商直播

四、简答题
1. 简述直播的种类。
2. 简述直播平台的类型。
3. 简述直播营销的优势。
4. 谈谈直播营销在未来的发展趋势是什么。

2 直播团队建设

▶ **知识目标：**

1. 了解直播营销团队的构建方法
2. 掌握直播营销核心岗位的职责
3. 掌握主播及主播需要具备的直播营销能力
4. 了解直播团队的配置方案及运营策略
5. 了解主播人设的策划方法

▶ **技能目标：**

1. 能够完成直播间团队的搭建，明确团队成员的职能分工
2. 能够挑选出适合的主播人设
3. 能够撰写直播团队的配置方案
4. 能够掌握 MCN 直播机构的变现方式

▶ **思政目标：**

1. 培养学生对直播团队构建的正确认识，树立正确的价值观
2. 培养学生认真严谨的工作作风和工作态度
3. 培养学生相互协作的团队精神和创业精神学生

18 直播营销与推广运营

▶ 知识概览：

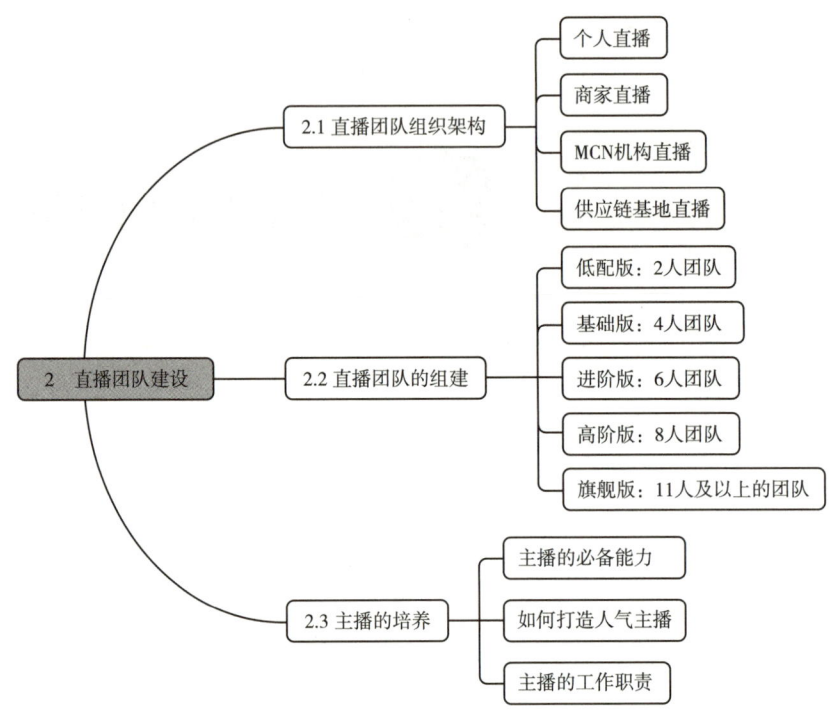

情境引入

作为一名新人，小李不断在直播的道路上探索。小李深知不管在什么行业、做什么工作，要获得成功，成为专业人士，就要不断学习。他为了更好地完成工作任务，开始组建自己的直播营销团队，但在直播团队的构建中，小李开始犯难了，很多同事认为直播就是主播在摄像头前和用户聊天，劝他不用组建团队。可小李深知有一支分工明确的团队，才是直播持续稳定变现的前提，可他应该怎样去组建直播营销团队？怎样去打造人气主播呢？

2.1 直播团队组织架构

每一场高质量高转化的直播带货，都离不开直播团队的配合，每个人把自己的岗位职责发挥到极致，才能打造一场完美的带货直播。目前直播电商的组织结构主要有4种，即个人直播、商家自播、MCN机构直播、供应链基地直播。

直播团队
组织架构

2.1.1 个人直播

直播不只是一个主播的事，更需要助理、选品、摄影、剪辑、文案、数据分析、运营等很多岗位和职能人员相互协调与配合，缺一不可，如表2-1所示。

表 2-1　　　　　　　　　　　　　个人直播

直播营销部			
运营团队	主播团队	拍摄团队	选品团队
直播账号运营	主播	编导	选品专员
粉丝社群运营	助理	场控	客服
数据分析专员		拍摄人员	
		剪辑人员	
		图文设计	

2.1.2　商家直播

直播间不是一座孤岛，每场直播背后都有一个公司团队在支持运作。对新手商家来说，搭建一支高效直播团队，培养适合产品的优秀主播，是快速成长的关键，如表2-2所示。

表 2-2　　　　　　　　　　　　　商家直播

直播营销公司				
选品部	直播部	运营部	设计部	客服部
招商专员	主播	网店运营	图文设计	售中咨询
选品专员	助理	活动运营	视频剪辑	售后服务
	编导	直播运营		物流对接
	摄影	用户运营		
		新媒体运营		

> **课堂讨论**
>
> 观看一场带货直播，细心观察在整场的带货直播过程中，出现在直播间的人有哪些，他们在直播间的工作职责是什么？

2.1.3　MCN 机构直播

MCN 机构在组建直播团队时，要做的工作有筛选或孵化直播达人，发现并运营优质的内容，帮助直播达人获取流量和吸引粉丝，进行粉丝管理、平台资源对接、活动运营、商业化变现等系列工作，具体如表2-3所示。

表 2-3　　　　　　　　　　　　　MCN 机构直播

直播业务组织架构	具体人员和工作内容
星探/招募	主要是直播经纪人，负责主播的招聘、考核、管理、培训等
直播部	主要包括场控、主播、副播、助理、策划等

续表

直播业务组织架构	具体人员和工作内容
招商部	招商宣传：负责与商家合作、商品招商等 商品管理：负责商品的选品、更新、管理等
供应链团队	聚合供应链资源：保持高频率带货形势下的货源稳定和价格优势 组建专业选品团队：严格筛选，保证商品质量
运营团队	直播运营：负责与各项直播业务运营相关的工作 数据运营：负责直播数据收集、分析、优化直播方案等 内容运营：负责直播前后的内容宣传、"造势"、运营等

2.1.4 供应链基地直播

供应链是指产品生产和流通过程中所涉及的原材料供应商、生产商、分销商、零售商以及最终消费者等成员通过与上游、下游成员的连接组成的网络结构。

如火如荼的直播行业不断验证着供应链对直播带货的重要性，而过去"散、乱、小"的供应链着实难以撑起电商直播的市场。从信任主播到信任产品，必定成为未来电商直播行业发展的方向。

供应链基地直播如表2-4所示。

表2-4　　　　　　　　　　供应链基地直播

组织架构	运营模式	主要特点
直播基地	供货商、机构主播、个人主播、货品管理、基地运营	主要为达人解决流量、组货等直播问题，从而提升产品从生产端到直播零售端的效率
直播产业带	货源厂家（一级供应商）+直播团队+其他	把商品根源化，从源头上节省直播营销的成本和步骤
线下市场	二三级供应商+直播团队+其他	以工厂、商场、品牌为货源的一种供应链
设计师直播基地	以设计师为核心和出发点形成的特色型小众化供应链	一般为轻奢型供应链，优点是款式更新比较快，毛利率相对较高，不积压库存，缺点是客单价偏高，难度大

> **课堂讨论**
>
> 从互联网上收集资料，说说你所知道的供应链直播团队。

> **思政小课堂**
>
> 直播带货一片火热的背后，也潜藏着野蛮生长的隐忧：网络主播素质参差不齐、产品质量无法保障、缺少售后服务等问题频发，严重影响了直播电商的可持续发展。为了解决行业的一些基础性问题，国家出台了互联网营销师国家职业技能标准。

2020年,人社部等部门向社会发布了互联网营销师等9个新职业,这是我国自《中华人民共和国职业分类大典(2015年版)》颁布以来发布的第三批新职业。

根据互联网营销师国家职业技能标准中明确的职业定义,互联网营销师是指在数字化信息平台上,运用网络的交互性与传播公信力,对企业产品进行营销推广的人员。

互联网营销师的主要工作任务包括搭建数字化营销场景,通过直播或短视频等形式对产品进行多平台营销推广,促进产品从关注到购买的转化率等。互联网营销师主要分为4个工种:选品员、直播销售员、视频创推员、平台管理员。

以正气涵养人气,才是立身于行业与走红的正道。网络主播的进入门槛较低,但身份很特殊,是网络媒介的重要参与者,因此,网络主播要有基本的政治信仰、价值信仰,在政治方向、舆论导向和价值取向上,以较高标准要求自己,时刻保持头脑的清醒,不触碰一切红线。像鸟儿爱护羽毛一样,爱惜自己的品德声誉,努力做一名"德艺双馨"的从业者,为网络世界输送文明新风。

2.2 直播团队的组建

直播脱离不了团队(见图2-1),团队负责最开始的粉丝量,负责包装外形,告诉主播什么样的光线更好、什么样的声音更完美,而且还会在直播间里为主播"造势",尽量带来人气与流量,这就是团队的力量。

图2-1 由团队运作的直播间

按照直播间资源投入状况,可以把直播团队配置分为2人团队的低配版、4人团队的基础版、6人团队的进阶版、8人团队的高阶版、11人及以上团队的旗舰版5个级别。

2.2.1 低配版:2人团队

2人直播团队是指在组建直播团队时,只保留直播团队的核心人员,即主播和运营。适用于直播新手在直播初期没流量要求及明确的变现目标,主播和运营各司其职,通过自编、自导、自演、自播完成直播工作。具体职能分工如表2-5所示。

表 2-5　　　　　　　　　　低配版：2 人团队的职能分工

岗位	职能分工
主播	介绍直播间促销活动、介绍及展示直播间商品、为用户答疑、营造直播间氛围，引导直播间用户关注，对直播内容进行复盘总结等
运营	负责直播间选品、定价、制定促销方式等直播平台活动的运营，调试直播设备，监测直播效果，直播内容复盘总结等

> **课堂讨论**
>
> 从互联网上收集资料，说说你所知道的低配版直播团队的运营故事。

2.2.2　基础版：4 人团队

基础版直播团队需配置 1 名编导、1 名主播、1 名运营和 1 名主播助理。如果要提升直播间的商品转化率，直播团队在有限人数的情况下，重点在于打造直播间的优质内容。这就需要在低配版的基础上增加有利于提升直播间内容的人员。

和低配版的直播团队相比，基础版的直播团队增加了 1 名直播编导和 1 名主播助理。新团队人员的加入，为团队注入新鲜血液的同时也承担起了各自的工作职责，提升直播内容的质量，主播和运营的工作压力也会相对减少。基础版团队具体职能分工如表 2-6 所示。

表 2-6　　　　　　　　　　基础版：4 人团队的职能分工

岗位	职能分工
主播	熟悉商品及直播话术、负责促销活动及商品展示、为用户答疑、营造直播间氛围以及直播内容复盘总结
编导	策划直播方案、撰写直播话术、监测直播效果，对直播内容进行复盘总结等
助理	上架及下架商品、调试直播设备、引导直播间用户关注、配合主播直播
运营	负责直播间选品、定价、制定促销方式等直播平台活动的运营，调试直播设备，监测直播效果，直播内容复盘总结等

> **课堂讨论**
>
> 回忆一下你近期观看过的一场带货直播，说说助理是如何配合主播进行直播的。

2.2.3　进阶版：6 人团队

随着直播间用户群体粉丝及业务需求的扩展，直播团队为了更好地提升直播间的质量，可以适当地增加团队人员的数量和岗位。

进阶版直播团队需要配置的团队人员主要有：2 名主播、1 名助理、1 名运营、1 名编导和 1 名选品。进阶版团队具体职能分工如表 2-7 所示。

表 2-7　　　　　　　　　进阶版：6 人团队的职能分工

岗位	职能分工
主播	熟悉商品及直播话术、负责促销活动及商品展示、为用户答疑、营造直播间氛围，直播内容复盘总结
编导	策划直播方案、撰写直播话术、监测直播效果，直播内容复盘总结等
助理	上架及下架商品、调试直播设备、引导直播间用户关注、配合主播直播
运营	负责直播间选品、定价、制定促销方式等直播平台活动的运营，调试直播设备，监测直播效果，直播内容复盘总结等
选品	了解用户需求、招募品牌商和供应商、选择商品、开展价格谈判、维护供货商关系，以及协助处理售后事务等

和基础版相比，进阶版增加了 1 名主播，1 名选品。2 名主播配合发挥的价值，远远比 1 名的效果好得多。2 名主播互相配合，共同熟悉直播话术，介绍直播间活动，一问一答，提升直播间的活跃度。直播期间，2 名主播也可以轮流直播，既可以减轻每名主播的直播压力，又可以适当延长直播时间，提升直播间的转化率，增强用户对直播间的黏性。

> **课堂讨论**
>
> 在你近期观看过的知名主播带货直播中，主播在直播过程中展示了哪些产品，产品的价格和其他电商平台的产品在价格上有什么差别？

2.2.4　高阶版：8 人团队

随着直播间用户基础和商业变现需求的增加，为了达到更好的直播营销效果。这时的直播团队还要进行再一次的细分，增加团队人员的岗位和数量，确保直播团队的工作更加专业化。此时，我们应该组建高阶版 8 人的直播团队。

高阶版的直播团队在进阶版 6 人的直播团队中增设了 2 个岗位，分别是 1 名场控和 1 名客服。具体的高阶版直播团队职能分工如表 2-8 所示。

表 2-8　　　　　　　　　高阶版：8 人团队的职能分工

岗位	职能分工
主播	熟悉商品及直播话术、负责促销活动及商品展示、为用户答疑、营造直播间氛围，直播内容复盘总结
编导	策划直播方案、撰写直播话术、监测直播效果，直播内容复盘总结等
助理	上架及下架商品、调试直播设备、引导直播间用户关注、配合主播直播
运营	负责直播间选品、定价、制定促销方式等直播平台活动的运营，调试直播设备，监测直播效果，直播内容复盘总结等
选品	了解用户需求、招募品牌商和供应商、选择商品、开展价格谈判、维护供货商关系，以及协助处理售后事务等
场控	调试直播设备，检测直播数据，维护供货商关系，协调处理售后事务
客服	负责回答直播间商品的相关咨询

如表2-8所示,场控岗和客服岗的增加,很大程度上缓解了主播和主播助理的工作压力,使整个团队有了更加明确且详细的职能分工。

> **思政小课堂**
>
> 作为用户粉丝,在观看直播时,要文明用语,言论要简洁且内容分明,不要辱骂他人,每个人都有权利保留自己的观点。我们在行使自由发表言论权利的同时,也应该遵守直播间规则的义务。和谐的直播间氛围是我们的追求,需要大家共同努力来建设和维护,而不是去破坏它。

> **课堂讨论**
>
> 观看一场知名主播的带货直播,看看场控在直播间都做了哪些工作?

2.2.5 旗舰版:11人及以上的团队

当直播已经运营了一段时间,有了一定的用户基础后,为了更加有效地提升直播间的营销效果,直播团队再次被细分,需要有明确的组织架构和各自的职能分工,于是,直播团队需要将团队升级为旗舰版直播团队。

同高阶版的直播团队相比,旗舰版直播团队需要配置2名主播、1名编导、2名助理、2名运营、2名选品、1名场控、1名客服。团队的升级不仅是为了做好"直播内容",更是为了更好的"直播营销"。提升直播间转换率的同时,提升账号的权重及品牌价值。具体的旗舰版直播团队职能分工如表2-9所示。

表2-9　　　　　　　　旗舰版:11人及以上团队的职能分工

岗位	职能分工
主播	熟悉商品及直播话术、负责促销活动及商品展示、为用户答疑、营造直播间氛围,直播内容复盘总结
编导	策划直播方案、撰写直播话术、监测直播效果,直播内容复盘总结等
助理	上架及下架商品、调试直播设备、引导直播间用户关注、配合主播直播
运营	负责直播间选品、定价、制定促销方式等直播平台活动的运营,调试直播设备,监测直播效果,直播内容复盘总结等
选品	了解用户需求、招募品牌商和供应商、选择商品、开展价格谈判、维护供货商关系
场控	调试直播设备、检测直播数据、维护供货商关系、协调处理售后事务
客服	负责回答直播间商品的相关咨询

旗舰版直播团队由于人数的增加,对团队人员的工作要求也随之提高。直播团队不仅需要充分地了解直播平台的运营规则、活动规则、用户推送规则,关联自媒体平台的用户运营策略,还要对直播行业的发展趋势、消费趋势、竞品动态等信息进行掌握,通过细节化、专业化的直播运营,有策略地加强直播账号和主播的影响力。

> **思政小课堂**
>
> 大学生作为未来的企业家,无论是自主创业还是与他人合作经营,都必须有团队的力量,才能发展自己的才能。一份事业能否持续发展,离不开团队的力量。在未来,作为一名管理者,既要对企业负责,又要对团队负责,以身作则,打造团队向心力。

> **课堂讨论**
>
> 谈一谈,你最喜欢的带货主播,看看他们的直播团队构架是什么样的?

2.3 主播的培养

一场直播,最先让观众看到的是主播,主播形象的好坏,直接影响着观众是否愿意进入直播间。所以,选择合适的主播很重要。想要成为一名专业的主播,就应该培养各方面的能力。

主播的培养

2.3.1 主播的必备能力

主播人设的打造对直播带货而言起着决定性的作用,主播不仅要在直播过程中体现出专业素质,还要有自己独特的直播风格,逐渐形成自己的个性化标签,按时直播,增强粉丝对直播间及主播IP的黏性,让粉丝信任主播,愿意购买主播推荐的商品。

> **名词解释**
>
> 主播IP通常是指主播名称或者直播房间号。引申含义为主播的个人特征、个人标签。用户从主播的IP特征推断出主播的个人特征、个人标签,最后决定喜不喜欢这位主播以及他所推荐的产品。

一名优秀的直播带货主播应该具备以下能力。

1. 自我形象管理能力

主播的样貌、身材、性格等都属于与生俱来或后天养成,都是难以改变的属性。追求美好是人类的本能之一,主播需要掌握自我形象管理能力,学会包装自己。例如,通过化妆增加颜值,衣着勿过露、过短、过紧,选择适合自身的发型等。

2. 专业能力

专业能力是评估一个主播的重要标准之一。主播要充分了解产品,要有产品推荐、产品"种草"的能力。专业形成的信任度,是引导用户产生购买行为的核心驱动。这一点可以通过后天努力改变。多发掘自己的优势,提高专业水平能力。

3. 语言能力

语言能力是考察一个主播的关键指标。主播要跟观众做朋友,要及时互动,要吸引用户眼球,而不是让用户觉得主播是个冷冰冰的售卖机器。快速组织语言、点评时下热门、通过弹幕与粉丝互动聊天,这些都离不开主播高超的语言表达水平(见图2-2)。

图2-2 直播间互动截图

4. 传播能力

传播能力也是考察主播的重要指标之一。传播能力主要分为主动传播和被动传播两个方面。

主动传播(见图2-3)就是主动制造新闻点,引发大家的口碑传播。被动传播就是平台是否愿意给予倾斜推荐资源。最简单的就是作品官方是否愿意助推,作品是否热门等。所以在做好粉丝维护的同时,主播也要有正向的价值观,用户会更加相信主播及其团队是有责任心的,他们会做出优质的直播内容,会推荐真正好的商品。

图2-3 某抖音博主账号截图

> **课堂讨论**
>
> 看一场知名主播或知名品牌的直播，说说其是如何在直播间直播的，以及你认为其具备哪些能力？

2.3.2 如何打造人气主播

直播风潮正盛，品牌商也纷纷走进直播间，但在直播过程中，直播间的人气问题却时时困扰着品牌商。因此，如何打造人气主播成为品牌商直播营销的必修课。优秀的主播，都有能说会道的嘴和高情商的头脑。虽说众口难调，但若能找对合适的话题，再加上高情商的表达，就能快速与陌生用户亲近起来。主播可以从以下方面着手。

1. 确定人设，脱颖而出

在直播的初期，人设鲜明的主播往往更容易脱颖而出，能迅速蹿红并经久不衰的主播都有一个共同特点：有属于自己的人设。人设是人物设定的简称，也就是主播在大众面前所展示的形象，包括外貌特征和内在的个性特点。

主播可以通过表 2-10 来打造人设。

表 2-10　　　　　　　　　　主播人设打造

明确问题	具体内容
我是谁	明确自己的 IP 人设
我要做什么	明确自己的定位领域，吸引精确的受众群体
粉丝为什么喜欢我	找到自己的优点，给人留下深刻印象
我的未来在哪里	明确目标，更长远的发展

同时，主播需要找到自己的闪光点，利用自己的优势，吸引一批粉丝，能够被大家记住和喜欢。例如，抖音里的人气主播技术流玩家"黑×"，从不盗用别人的创意，坚持原创，虽然没有露过脸，但粉丝却达几千万，看过他视频的人一定会被画面所震惊，成为忠粉。

最后，主播需要利用个人口头禅、独特造型、特色装饰打造专属的直播 IP。个人独特的口头禅是人的一种标志，说得多了，在别人心中就留下了深刻的印象。例如，在抖音短视频及直播间，一些有代表性的头部账号都有令人深刻的口头禅（见图 2-4）。

2. 做好内容，提升人气

提升人气的核心密码是做好直播内容，让用户看完还想看。就像好看的连续剧一样，每一集都会有一个剧情高潮之处，引发热议；每一集结尾都会留有悬念，观众期待下一集。

进入直播间的用户是想看新主播，但能让用户留下来的自然是直播内容，能把千篇一律的直播做出不一样的花样，就是好内容。

主播需要强化个人属性，输出垂直化的内容，就更容易匹配到对标的用户，从而创造根据用户黏性的内容，聚集更多群体。同时主播在直播时要学会挖掘用户需求，帮助观众完成要购买什么产品的决策。例如，奶粉的安全和营养问题一直是大众关心的话题，唯恐选错产品，某奶粉企业的总裁亲临直播间，从工厂源头出发，开了多场溯源直播（见图 2-5）。该品牌商找到了用户痛点，让消费者放心。

图2-4 某美妆博主口头禅

图2-5 某品牌奶粉的直播间

> **名词解释**
>
> 爽点，自媒体里的网络词语，是指使人们感到愉悦的满足感，爽点＝即时满足。
>
> 痛点，互联网术语，指市场不能充分满足的，而客户迫切需要满足的需求，痛点＝应对恐惧。

3. 维护关系，积极向上

如何让用户停留时长更长？"喜欢一个人，始于颜值"，但后面还有"陷于才华，忠于人品，合于性格"，要想让粉丝喜欢，除了形象外，更重要的是主播要维护好和粉丝的关系，同时拥有正向的价值观和专业的知识体系。

粉丝和主播之间的关系就像朋友、家人，对于新人主播，身边能有几个特别亲密的粉丝，是一件很幸福的事情。在直播环节上，主播要多维度挖掘直播内容，探索新颖内容，从粉丝的角度出发，把直播内容从一个维度扩展到多个维度，直播的人气值自然而然就上升了。

2.3.3 主播的工作职责

直播前，主播需要对每期的直播内容进行认真规划，制定完整的直播方案；直播中，主播要按照直播前制定的直播方案一步步进行，将磨炼出来的直播流程和话术在直播间对用户进行实践，促进直播间用户的转化；直播后，主播需要对直播中的问题进行总结，汲取经验的同时，找准问题的关键所在，为下一次直播提供借鉴。

主播的工作职责如表2-11所示。

表2-11　　　　　　　　　　　　主播的工作职责

直播流程	具体内容
直播前	直播预热及直播内容流程的梳理
直播中	实践直播流程，销售转化
直播后	复盘总结，吸取经验

1. 直播前：0基础练手

直播前，主播应该对每期的直播内容进行认真规划，制定完整的直播方案，确定直播主题、直播时间、直播方式、直播场地等细节问题都是新手主播需要提前思考的问题。制定明确的直播方案才能体现直播的高质量水平，给粉丝用户提供更优质的直播内容。

直播前的主要准备工作如下：

（1）设置直播预告，公布视频内容和福利，暗示粉丝预约直播。
（2）创建直播预约群，引导用户进群预约。
（3）流程设计上，考虑观众的观感和感受，留住直播间的粉丝。
（4）利用好直播间引流渠道，如公众号、社群、个人朋友圈。
（5）直播中，插入福利环节，如抽奖、低价秒杀等。

直播前最重要的环节主要体现在以下三方面：一是直播间初始的预热宣传；二是直播流程和内容的梳理；三是直播场地和人员的协调。

在新账号或者是直播间人很少的时候，直播前主播还要不断熟悉直播流程、调整直播心态。掌握基础知识，熟悉商品信息，清楚商品卖点，能够及时解答用户可能提出的问题，在直播间没人的情况下也要保持高昂、向上的直播状态。

2. 直播中：销售转化

直播中，主播应按照直播前制定的直播准备方案一步步进行，这个时候直播间有观众，那么主播就要把磨炼出来的直播流程和话术进行实践，促进直播间用户的转化。直播中应注意以下几方面：

（1）主播应提前 10~15 分钟进入直播间，测试画面和声音是否稳定；

（2）在直播过程中可以通过与观众互动，带动直播间的氛围；

（3）提前在小商店上架商品，方便在直播时上架商品。

在直播过程中主播可能会遇到各种问题，但是也要保持整体的直播进度。直播结束前，引导粉丝做留存指令，如进群领福利、领奖品等。

3. 直播后：吸取经验

直播结束后，主播的工作就是对直播中的问题进行总结，汲取经验的同时，找准问题的关键所在，为下一次直播得更顺利提供借鉴。

知识链接

在招聘网站查看电商主播的工作职责

1. 下载并安装 Boss 直聘 App，输入手机号和验证码，点击"登录"按钮注册并登录账号，如图 2-6 所示。

2. 进入 Boss 直聘 App 主界面后，在上方的搜索文本框中输入"电商主播"，如图 2-7 所示，浏览电商主播的相关招聘信息。

3. 在搜索结果中点击对应的招聘信息超链接，在打开的界面中查看电商主播职位描述，包括岗位职责和职位要求，如图 2-8 所示。

图 2-6　登录 Boss 直聘 App

图 2-7　搜索招聘信息

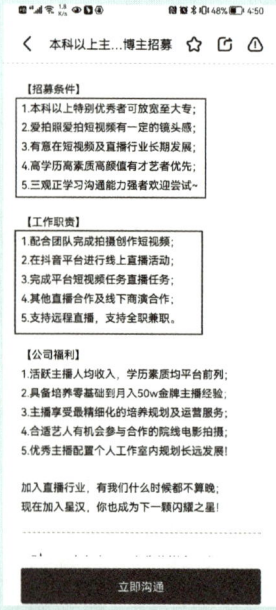
图 2-8　查看职位描述

课堂实训

查看 3 条以上电商主播的招聘信息后，请你总结电商主播的职位描述，将其填入表 2-12 中。

表 2-12　　　　　　　　　　　电商主播岗位描述

岗位名称	岗位职责	岗位要求

课堂讨论

谈一谈你最喜欢的带货主播身上都有哪些闪光点？

思政案例

2021 年 2 月初，台州市场监管部门接到举报，一名网红主播在某平台直播带货销售时，声称"××黄精人参覆盆子压片糖果"具有壮阳功效。经查，该名主播拥有 7.7 万粉丝，账号主页显示其单位为黑龙江××生物科技有限公司，涉案压片糖果销量很大，产品处于供不应求的状态。市场监管部门对举报人提供的产品送检，结果检出他达拉非成分。他达拉非为化学药品，被列入保健食品中可能非法添加的物质名单，如添加到食品中，则制售者构成生产、销售有毒有害食品违法行为。

市场监管部门联合公安机关成立专案组，一举捣毁黑龙江××生物科技有限公司 2 个网络直播间，现场抓获 7 名涉案人员并采取刑事措施，查获涉案压片糖果 60 余万片、他达拉非原料 6.3 千克，生产、销售产品涉案金额达 2 000 余万元。2022 年 2 月 24 日，人民法院依法对黑龙江××生物科技有限公司及相关责任人做出刑事判决。

[温馨提醒]

生产、销售有毒、有害食品罪，是指违反我国食品卫生管理法规，在生产、销售的食品中掺入有毒、有害的非食品原料或者销售明知掺有有毒、有害的非食品原料的食品的行为。

《中华人民共和国刑法》第一百四十四条规定：在生产、销售的食品中掺入有毒、有害的非食品原料的，或者销售明知掺有有毒、有害的非食品原料的食品的，处五年以下有期徒刑，并处罚金；对人体健康造成严重危害或者有其他严重情节的，处五年以上十年以下有期徒刑，并处罚金；致人死亡或者有其他特别严重情节的，依照本法第一百四十一条的规定处罚。

[职业思考]

网络主播进行直播带货时，必须为自身的从业行为划定底线和红线，不得营销假冒伪劣、有毒有害、"三无"产品、无法提供质量检测报告、货不对版的产品，努力加强职业道德建设，助力"直播带货"行业朝着健康方向发展。

实战演练

一、单项选择题

1. 直播的主要特点是（　　）。
 A. 即时事件　　　　B. 常用媒介　　　　C. 直达用户　　　　D. 以上都是
2. 属于企业官方在自媒体平台账号认证的一种标志，彰显企业身份，表示权威性的是（　　）。
 A. 蓝V账号　　　　B. 橙V账号　　　　C. 官方账号　　　　D. 抖音认证号
3. MCN机构主要分为电商型MCN和（　　）。
 A. 泛内容MCN　　　B. 红人MCN　　　　C. IP MCN　　　　D. 营销型MCN
4. UGC是互联网术语，是指（　　）。
 A. 专业内容生产者　　　　　　　　　B. 用户原创内容
 C. 视频创造达人　　　　　　　　　　D. 优质作品创作者
5. 按照直播间资源投入状况，可以把直播团队配置分为几个级别？（　　）
 A. 3　　　　　　　B. 5　　　　　　　C. 7　　　　　　　D. 8

二、多项选择题

1. 关于直播间的构建方法，说法正确的是（　　）。
 A. 秀出自我　　　　B. 制造话题　　　　C. 账号矩阵　　　　D. 以自我为中心
2. 直播电商的组织结构主要包括（　　）。
 A. MCN机构直播　　B. 商家自播　　　　C. 个人直播　　　　D. 供应链直播
3. 直播间不是一座孤岛，每场直播背后都有一个公司团队在支持运作。通常情况下，商家直播团队需要设置哪些职能部门？（　　）
 A. 直播部　　　　　B. 客服部　　　　　C. 运营部　　　　　D. 选品部
4. 与低配版的直播团队相比，基础版的直播团队增加了（　　）。
 A. 主播　　　　　　B. 客服　　　　　　C. 编导　　　　　　D. 助理
5. 一个优秀的主播往往拥有（　　）等特质。
 A. 自然能力　　　　B. 专业能力　　　　C. 语言能力　　　　D. 传播能力

三、判断题

1. 打造人气主播只需要做好自己，树立调性。（　　）
2. 爽点是指使人们感到愉悦的满足感，爽点＝即时满足。（　　）
3. 在主播的IP打造过程中，不能故意做一些造型去哗众取宠，而应该在合理的范围内，要从大众用户出发，塑造正能量形象。（　　）
4. 好的助理能将主播的优势无限放大，将粉丝的购买欲增加，让直播间的利益最大化。（　　）

5. 粉丝团不具有粉丝互动的功能。　　　　　　　　　　　　　　（　　）

四、简答题

1. 如何打造人气主播？
2. 论述旗舰版直播团队包括哪些岗位，具体职能分工是什么。
3. 主播的必备能力包括哪几个方面？

3 直播间建设

▶ **知识目标：**

1. 掌握直播间的布置方法与技巧
2. 认识直播间的设备和道具
3. 了解直播间的灯光布置方法与技巧

▶ **技能目标：**

1. 能够进行直播间的搭建和内容的设置
2. 能够熟练操作直播间的设备
3. 能够正确使用直播间的道具

▶ **思政目标：**

1. 培养学生的爱国情感和高度责任感
2. 不发布敏感、低俗信息，不欺骗用户，不触碰法律红线
3. 直播间的搭建和设置不得违反公序良俗

知识概览：

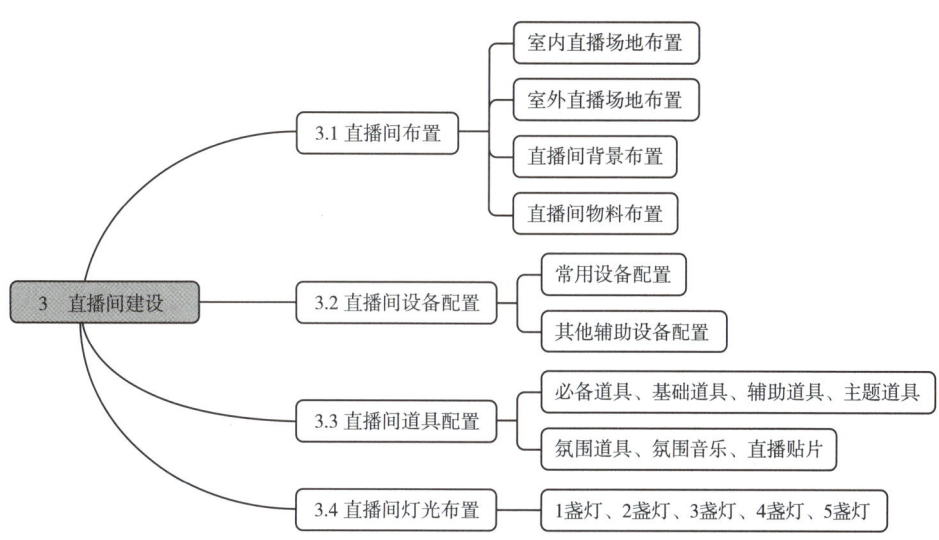

情境引入

学习并了解直播团队的搭建之后，小李有了新任务，即协助领导完成一次完整的直播活动。领导告诉小李，公司已经腾出一间库房，作为直播专用房间，接下来就要进行直播间的布置了。那么，小李应该怎么做才能保证顺利完成工作任务呢？

直播间的设计、直播间的环境布置和装修布置，都或多或少会影响直播画面的呈现效果，决定着用户对直播间的第一印象和观看体验。因此，构建一个舒适、整洁的直播间十分重要。一般情况下，直播间的设计风格一定要与主播的人设相吻合，与主播性格匹配度越高，就越有代入感，越容易使用户沉浸在直播的氛围中（见图3-1）。

图3-1 优秀直播间参考

3.1 直播间布置

直播间的布置首先要考虑直播间的场地。好的直播场地不但能收获良好的直播效果,也能够让用户对企业、主播留下深刻的印象,提升观看体验。直播间对直播场地的基本要求,可以分为室内直播场地和室外直播场地两大方面。

直播间布置

3.1.1 室内直播场地布置

常见的室内直播场地有直播室、办公室、工作室、线下门店、住所等。图 3-2 所示为主播在门店内直播,介绍店铺的服装。图 3-3 为主播在住所内直播。

图 3-2 主播在门店内直播

图 3-3 主播在住所内直播

室内直播场地规划注意事项如表 3-1 所示。

表 3-1　　　　　　　　　室内直播场地规划注意事项

布置要点	情况说明
空间充足	个人主播场地面积一般为 8~15 平方米,团队直播场地面积一般为 20~40 平方米,可以选择家中的一个房间或者自己的线下门店;如果是美妆直播,8 平方米的小场地即可;如果是穿搭、服装类的直播,要选择 15 平方米以上的场地
隔音效果好	避免杂音干扰,同时要有较好的收音效果,避免在直播中产生回音
光线充足	室内直播场地的自然光要充足,保证直播的真实感和美观度

> **知识链接**
>
> 如何让小直播间在视觉上变得更大?
>
> (1) 主播站在对角线:主播站在对角线上,可以使画面得到很好的纵深与立体效果,画面中的线条还可以吸引人的视线,让画面看起来更加动感有活力,达到突出主体的效果。
>
> (2) 主播后排多放物品:可以在主播的背后增加物品的摆放(沙发、衣架、模特),这样整个直播间画面就会被切割成前中后三个部分,增加了直播间的空间。

3.1.2 室外直播场地布置

常见的室外直播场地有商品室外场地（如田间地头、茶园）、露天集市等，一般适合直播体型较大或者规模较大的商品，或需要展示货源采购现场的商品，如现场采摘农产品（见图3-4）、现场挑选海鲜或多人共同直播等。这类直播能够带领用户近距离观看商品的采购、加工、包装、发货等过程，不仅能够带给用户沉浸式的体验，也能大大增强用户对商品的信任度。

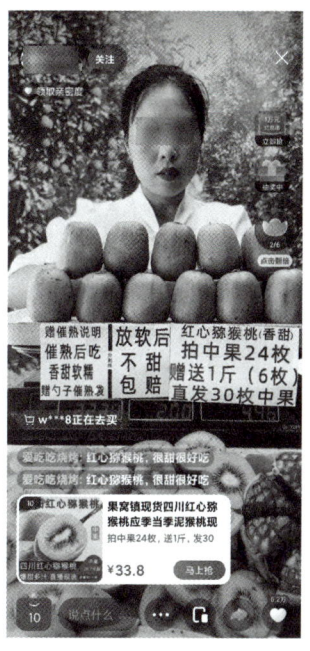

图3-4 农产品室外直播画面

室外直播场地规划注意事项如表3-2所示。

表3-2 室外直播场地规划注意事项

布置要点	情况说明
场地环境	室外场地的环境干净清洁，让用户观看直播时能保持舒适的心情，特别是对画面美观度要求较高的室外直播，更应保证场地的美观度
天气因素	室外直播一般选择晴朗的天气，同时要做好应对下雨、刮风等天气的防范措施
场地范围	室外直播需要限制室外场地的范围，便于主播将更多的精力放在商品讲解和与用户的互动上

思政小课堂

主播在室外直播时不能破坏或干扰公共秩序，不能影响他人的正常工作和学习。直播平台和监管部门坚决抵制任何不良的直播行为。

知识链接

根据公司直播场地的实际情况，小李绘制出了直播间场地区域的规划示意图，如图3-5所示。

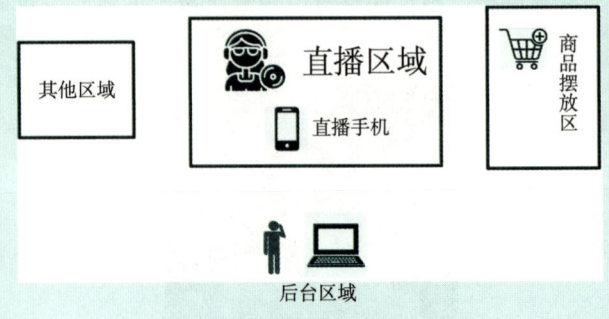

图3-5 直播间场地区域规划示意图

课堂实训

请你为图3-6所示的房间规划直播场地，在图中绘制出区域划分。

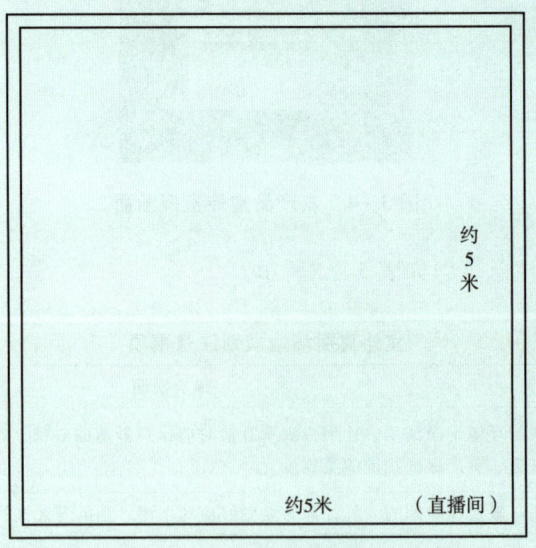

图3-6 直播间场地区域规划

3.1.3 直播间背景布置

直播间的背景布置是留给观众的第一印象，有时候甚至超过主播本身。布置直播间背景，必须确保背景的类型、风格与直播商品或主播的个人气质是相符合的。常见的直播间背景，主要分为以下几种。

1. 实体店背景

现在线上引流、线下成交的商家很多，许多实体店为了推广自己的店铺，也会选择在自己的实体店进行直播。这种类型的背景，会有真实的感觉，更容易取得用户的信任，如图3-7所示。

图3-7 实体店背景

> **知识链接**
>
> 纯色背景常见于服装类直播。但不建议将一堵大白墙设置为背景，因为直播间的灯光打得都会比较亮，如果是纯白色容易反光，灯光直射在墙面会直射到观众眼睛里，长时间看直播的人会视觉疲劳。
>
> 纯色的直播背景一般为深灰色或浅棕色，这样比较突出主播，可以网上买墙纸来贴，但是，普通背景布都会存在折痕的问题，选购的时候注意让卖家用卷筒包装发货，如果是折叠的，需要用挂烫机熨平。可以采用 PVC 背景板，防水又防污，因此价格也比普通背景布贵很多。
>
> 需要注意的是，背景墙装饰过于复杂，会给人一种低廉的感觉，也容易分散用户的注意力。

2. 源头产地背景

这种背景适合一些意识到直播的红利，开始亲自上阵直播的工厂店。这种背景的最大优点是能很好地利用流量红利，同时给人一种"没有中间商赚差价"的感觉，价格优势非常突出，而且说服力很强，如图3-8所示。

图 3-8 源头产地背景

3. 货架式背景

这种背景适合快消行业,如鞋帽包包、美妆饰品、母婴家居等(见图 3-9)。这种背景在搭建的时候,需要注意以下几点:

(1)前景要展示一些备选产品;
(2)产品的主题要鲜明,最好能够快速吸睛;
(3)背景要有货架的展示,同时要有较多的产品类别。

图 3-9 货架式背景

4. 自定义背景

这是特别常见的一种直播间背景，一般用绿幕当背景，用摄像头和计算机在后台抠图完成，利用一些准备好的视频和图片作为辅助素材（见图 3-10）。

图 3-10　品牌 logo 背景

> **知识链接**
>
> ### 用直播推流软件设置直播间
>
> （1）进入添加素材界面。启动抖音直播伴侣，使用抖音 App 扫码登录账号。在抖音直播伴侣主界面单击"添加直播画面"按钮，如图 3-11 所示。直播画面的来源可以是摄像头、计算机桌面或手机画面。打开"添加素材"对话框，选择"投屏（Android）"选项，如图 3-12 所示。
>
>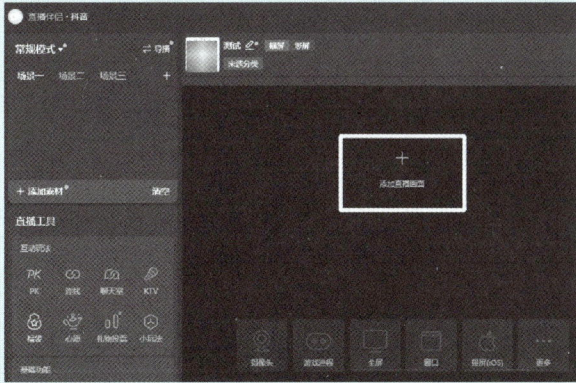
>
> 图 3-11　添加直播画面

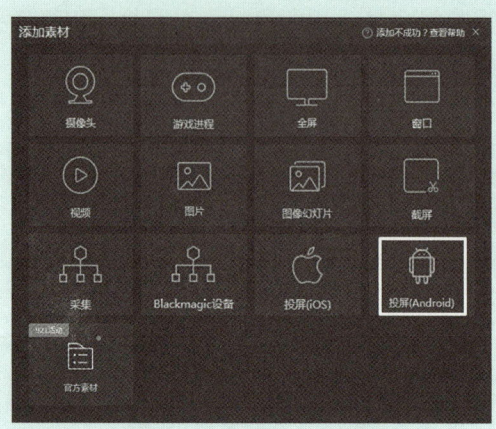

图3-12 选择"投屏（Android）"

（2）设置投屏。打开"安卓投屏"对话框，单击"无线投屏"按钮，"解码方式""投屏分辨率""投屏帧数"保持默认设置；根据"连接指引"栏中的提示在抖音App上进行操作，完成后单击"开始投屏"按钮，如图3-13所示。手机直播画面的投屏效果如图3-14所示。

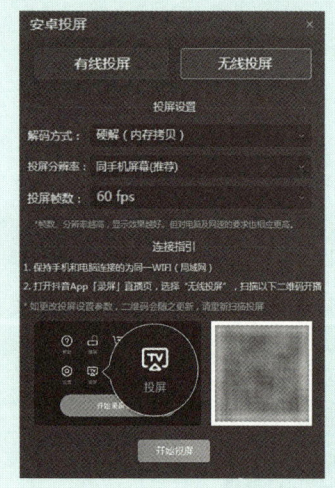 

图3-13 单击"无线投屏"按钮　　　　图3-14 投屏效果

（3）添加图片。在"添加素材"页面，选择"图片"，如图3-15所示。在文件夹中选取所需图片，点击"打开"按钮即可，如图3-16所示。

（4）同理，可以在"添加素材"页面中选择"图像幻灯片""视频"等，设置完成后的效果如图3-17所示。同时可以在左侧边栏进行素材的删除或者查看权限的修改，如图3-18所示。

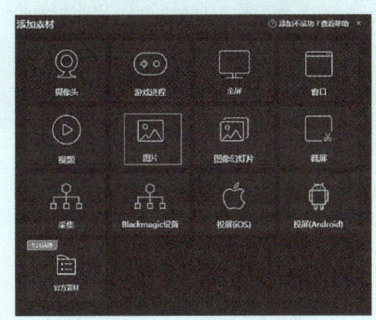

图 3-15 选择图片

图 3-16 选择素材并打开

图 3-17 设置完成的界面

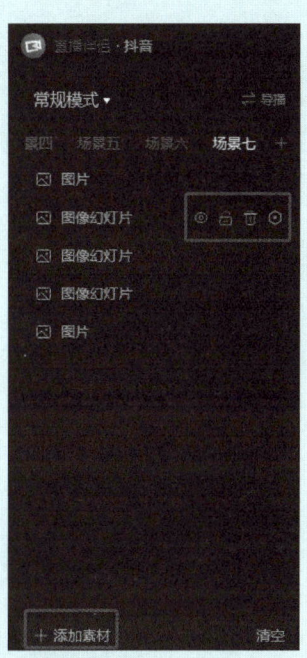

图 3-18 设置素材权限

3.1.4 直播间物料布置

直播中的物料主要由展示用的商品、宣传物料及辅助饰件等组成。直播中的物料需要摆放整齐，不同的物料，可以根据主播想要表达的意图和直播间的大小，摆放在不同的位置。

1. 商品陈列

商品是直播活动中的"主角"之一。零食、珠宝饰品、化妆品等小件商品，可以陈列在主播身后，或摆放在主播正对的陈列桌上，让用户一进入直播间就能直观地看到商品，如图 3-19 所示。对于包装可拆的商品，主播可以将包装拆开，直观地展示商品的细节。对于服装类等体积稍大的商品，可以将其陈列在主播身后或两侧，如图 3-20 所示。

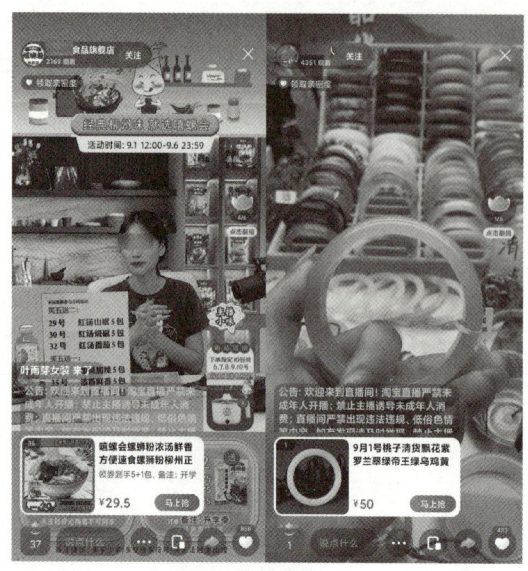

图3-19 食品（左）、珠宝品（右）的摆放　　图3-20 服装类商品的摆放

2. 宣传物料陈列

宣传物料的类型比较丰富，包括黑板、白板，以及电子屏、海报、贴纸、胸卡、气球等一系列用于展示文字、图片信息的道具，如图3-21所示。

图3-21 黑板（左）、电子屏（中）、手牌（右）的摆放

3. 辅助饰件陈列

如果直播间空间较大，可以放置一些盆栽、玩偶、壁画等饰件，以丰富直播场景，饰件的选择应与商品特性相匹配，如图3-22所示。

图 3-22 直播间饰件的摆放

思政小课堂

直播盛行促使许多人加入网络主播这一行业，有的主播甚至单场直播带货超过千万元，给人一种"名利双收"的感觉。事实上，我们应该正确看待这种现象，而不是妄想自己也能借着直播"一夜暴富"或"一夜成名"。要想成为一名成熟、优秀的主播，必须勤恳踏实，努力提升业务能力、增强职业素养，只有这样才能走稳走远。

课堂讨论

观看 1~2 场服饰类、美食类有关的直播，分析两种不同类型直播间的场景布置以及物料陈列有什么特点？两者之间有哪些区别？

3.2 直播间设备配置

直播运营人员要想打造高质量直播，给用户带来良好的视觉体验，就要本着实用、好用的原则，优选直播设备进行配置，并将各种设备预先调试到最佳状态。

目前，手机是一个非常方便的直播带货设备，拍摄方便、操作智能、占地空间小，且同时适用于室内直播和室外直播。但受到手机电量、防抖功能、降噪功能等因素的影响，直播团队还需要配备其他辅助直播设备。

直播间设备配置

3.2.1 常用设备配置

1. 手机

主播在手机中安装直播软件后,通过手机摄像头即可进行直播。主播在使用手机直播的过程中,经常需要两部手机交替使用,如图 3-23 所示。一部手机用来直播,另外一部手机用来查看用户留言和评论,以便及时与用户互动。

图 3-23 两部手机交替使用

手机直播对手机 CPU 和摄像头的性能要求较高,直播的手机 CPU 的运行内存应不低于 4GB,摄像头不低于 1 200 万像素。目前,市面上 2 000 元以上的手机能很好地满足主播直播的需求。

2. 支架

主播在手机直播中难以长时间保持手持手机的姿势,且手持时的抖动也会影响用户的观看,因此需配置支架来保证拍摄效果和画面稳定。

图 3-24 所示为自拍杆式支架,这种固定支架比较适合个人主播在简单的直播中使用。

图 3-24 自拍杆式支架

图 3-25 所示为支持固定手机的三脚架，更换顶部的支架型号，还支持固定话筒、相机和摄像机等设备。多机位三脚架式支架能够装备多个设备或手机，可用于多台手机的多机位视频直播，如图 3-26 所示。

图 3-25　三脚架式支架

图 3-26　多机位三脚架式支架

3. 灯光设备

> **知识链接**
>
> 直播间需要灯光设备（即补光灯）来为直播提供辅助光线，以得到较好的光影效果。

室内直播需要补充自然光时，可以优先选择柔光箱/球（见图 3-27、图 3-28）来模拟太阳光对拍摄对象进行补光。

图 3-27　柔光箱

图 3-28　柔光球

如果要拍摄人脸近景或特写，或者需在晚上拍摄，就可以选择环形灯，如图 3-29 所示，以掩饰人物的面部瑕疵，起到美颜的效果。

图 3-29 环形灯

4. 网络

稳定的网络是直播的基础,网速直接决定直播画面的质量和流畅感。室内直播时,如果条件允许,尽量使用有线网络,因为有线网络的稳定性和抗干扰性要优于无线网络。如果是室外直播,当无线网络的信号无法覆盖到直播场地或信号不稳定时,要提前发现并解决,也可以使用移动 4G 或 5G 网络。

5. 话筒

除了视频画面外,直播时的音质也直接影响直播的质量,所以话筒的选择也非常重要。

> **知识链接**
>
> 话筒主要分为动圈话筒(见图 3-30)和电容话筒(见图 3-31)两种。
>
>
>
> 图 3-30 动圈话筒　　　　图 3-31 电容话筒

目前，手机直播中使用的主流话筒是电容话筒。电容话筒适合在安静的环境下使用，为了防止爆音和杂音，使用时可以为其安装防喷罩。主播一般可以选择价位在 200～1 000 元、电压为 48 V 的电容话筒。不同价位的话筒，其声音采集的范围以及声音传输的稳定性肯定会有所差异。主播购买电容话筒时，可配套购买话筒支架、独立声卡等。

> **知识链接**
>
> 手机直播也可以使用无线领夹式话筒。无线领夹式话筒体积小，兼容性好，方便携带，不仅可以单独放置在桌子上，也能够夹在衣服上，方便主播在直播讲解时能够自由移动。

6. 移动电源

一场直播的持续时间往往较长，对手机电池电量的需求较高，因此移动电源是辅助手机直播的必备设备。主播一般可以选择便携的移动充电宝，如图 3-32 所示，在手机电池电量下降到 50% 左右时，便可进行充电，保持后续直播用电。在实际的直播中，主播可对手机满电状态下电量的使用进行测试，了解手机在直播时电池电量正常维持的时间，以确定是否使用移动充电宝以及充电所需时间。

图 3-32 移动充电宝

3.2.2 其他辅助设备配置

在满足直播需求的情况下，直播设备的配置应该尽量简化。因为设备越多，所连接的线路可能会对主播造成的干扰就越大，同时影响直播间的美观度。在稳定的网络支持下，主播配备手机、支架、灯光设备、话筒、移动电源等几个基础的设备，便能进行简单的手机直播。这些基础设备的直播一般适用于体积较小的商品，如珠宝、饰品、玩具等，如果是用于美妆、服装等行业的直播，则需要升级设备，以满足特定直播场景的需求，提升直播效果。

1. 耳机

用于手机直播的耳机有入耳式耳机和头戴式耳机两种类型，如图 3-33 和图 3-34 所示。入耳式耳机比较小巧美观，多数主播在直播时会选择使用这种耳机。主播可以选购一款质量稍好的入耳式耳机，价格一般在 100～200 元。耳机的连接线建议稍长，一般在 2～3 米，以便主播有更大的活动空间。

图 3-33　入耳式耳机

图 3-34　头戴式耳机

> **知识加油站**
>
> 主播在直播时也可使用无线蓝牙耳机，其优点是使用方便，缺点是稳定性和接收效果不如有线耳机，主播可以根据自身需求决定使用哪种耳机。

2. 自拍杆

自拍杆是使用手机进行室外直播时常用的辅助设备，它的实质是一根装配了蓝牙设备的可伸缩金属杆。

使用手机直播时，由于手的运动范围有限，因此能拍摄到的运动镜头也比较有限。使用自拍杆能够在一定程度上增加拍摄的范围，有效避免"大头"画面的出现，让直播画面更加完整，更具有空间感，如图 3-35 和图 3-36 所示。

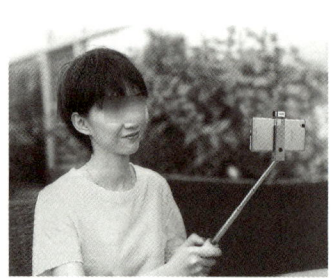
图 3-35　使用自拍杆的主播

图 3-36　自拍杆拍摄的画面

> **知识链接**
>
> 自拍杆的遥控器上有一个拍摄（快门）按钮，按下该按钮即可进行拍照或视频录制，再按一次即可停止操作。

3. 手持稳定器

手持稳定器，又称为手机云台，是自拍杆+镜头稳定器+可自由控制功能的结合体。
自拍杆无法彻底解决视频画面"抖动"的问题，为了避免这种问题，主播可以选用稳定性更强、拍摄效果更好的手持稳定器来进行户外直播。只要把手机固定在手机云台上，无论拍摄者的手臂是什么姿势，手机始终保持在稳定平衡的角度上，从而拍摄出稳定流畅的视频画面，如图3-37和图3-38所示。

图3-37 手机云台　　　　　　　　　图3-38 使用手机云台的主播

手机云台被称作"高级自拍杆"，可以辅助主播拍摄出品质更高的视频画面，还可以进行更多的运镜操作和更灵活的构图。

（1）跟镜头拍摄。手持手机云台跟随拍摄对象一起运动，在拍摄对象的背面、正面和侧面进行拍摄，如图3-39所示。

（2）低角度拍摄。将手机云台倒拎贴近地面，从低角度拍摄，传感器会帮助手机云台识别拍摄人员的动作，自动旋转手机并调整拍摄姿态，如图3-40所示。

（3）推拉镜头和摇移升降镜头。手机云台自带的左右俯仰摇镜功能，在推拉镜头和摇移升降镜头的手法上更加稳定，使得拍摄运镜操作也更轻松。

图3-39 跟镜头拍摄　　　　　　　　图3-40 低角度拍摄

4. 视频摄像头

视频摄像头是形成直播视频的基础设备，目前有带有固定支架的摄像头，也有软管式摄像头，还有可拆卸式摄像头。

带有固定支架的摄像头（见图3-41）可以独立放置于桌面，或夹在计算机屏幕上，使用者可以转动摄像头的方向。这种摄像头的优势是比较稳定，有些带有固定支架的摄像头甚至自带防抖动装置。

软管式摄像头（见图3-42）带有一个能够随意变换、扭曲的软管支架。这种摄像头上的软管能够多角度自由调节,即使被扭成S、L等形状后仍然可以保持固定,可以让主播实现多角度的自由拍摄。

图3-41 带有固定支架的摄像头

图3-42 软管式摄像头

5. 声卡

声卡是直播时用来收音和增强声音的设备。

声卡可以解决大多数手机在直播过程中不能同时打开直播软件和音乐播放器软件的问题,而且使用声卡能够播放背景音乐、伴奏、掌声、笑声等。

一台声卡可以连接4个设备,分别是耳机、话筒、手机或平板电脑(伴奏用)和手机(直播用),如图3-43所示。

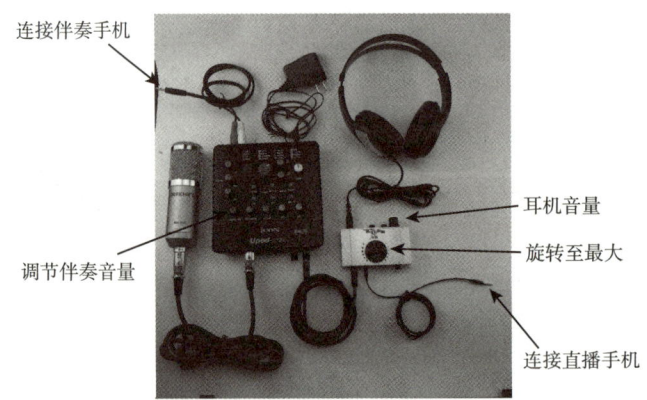

图3-43 声卡及连接设备

6. 电脑

电脑可以用来收集与分析直播间的数据,也能进行脚本设计以及修图、剪辑视频等操作,还能下载电脑版的直播软件,进行PC直播。如果想要直播电脑屏幕上的内容,可以使用OBS(交换技术)视频录制直播软件,如图3-44所示。

若无特别需求,主播一般可以配置一台2 000~4 000元的台式机,或者购买主流的笔记本电脑。

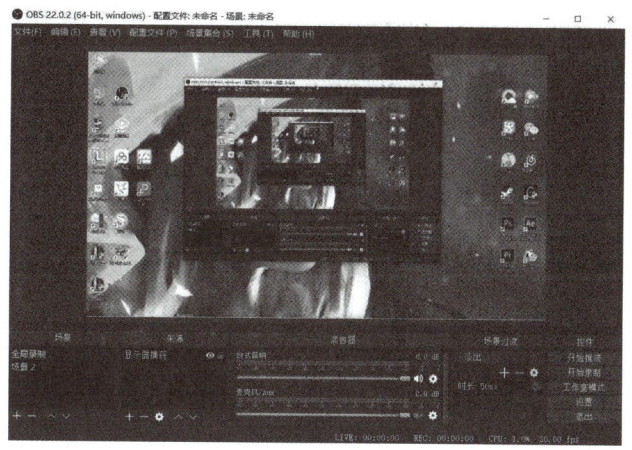

图 3-44 视频录制直播软件工作界面

课堂讨论

除了上面提及的直播设备外,你还知道什么直播设备?它们有什么用处?应该在什么情况下使用?

3.3 直播间道具配置

直播前除了检查好麦克风、手持云台、拍摄手机等设备外,还需要根据当场直播产品类型,准备一些小道具,目的是减少直播中信息的重复讲解,辅助主播高效直观地传达信息,减少用户下单过程中的阻碍,好的道具也能激发用户的兴趣点,同时让观众对于重要信息一目了然,提升直播间购物体验(见图 3-45)。

直播间道具配置

图 3-45 直播间使用的各类道具

直播间使用的道具如表 3-3 所示。

表 3-3　　　　　　　　　　　直播间道具汇总

道具分类	道具明细	道具作用
必备道具	商品实物	既能提升商品的真实感，也能提升用户体验感
基础道具	KT板，多台手机	让主播看互动评论，或者抽奖使用
辅助道具	手牌、提词器、小黑板、iPad或电脑屏幕、抽奖箱、比价图	让用户看到官方旗舰店价格，形成对比心态
主题道具	服饰衣架、鞋包专用田字形货架、展示衣服的圆形站台、生鲜零食的电煮锅	一眼就能看出售卖的商品是什么
氛围道具	秒表、计算器、鼓	用于营造抢购商品的紧迫感
氛围音乐	主题音乐、低价福利音乐、讲解音乐、催单音乐	根据主播需求，营造直播间氛围，提升转化率
直播贴片	权益展示、购物建议、活动时段、礼品内容、爆款折扣、购物满减、主推产品、主播信息	氛围渲染，吸引观众停留。除此之外，在直播间使用贴片还能起到辅助主播直播、提升直播间转化率、美化直播间的作用

思政案例

2022年6月，主播A在直播间唱歌，被起诉索赔10万元。据悉，主播A为某直播平台的一名游戏主播，拥有1 900多万粉丝。直播过程中，主播A即兴演唱歌曲《向天再借五百年》，随后被歌曲著作人起诉，要求赔偿10万元。针对在直播间唱歌被起诉一事，主播A作出回应：经过与版权方律师的友好沟通，已经获得了《向天再借五百年》词、曲作者的谅解。他坦言："我以后不会随便唱歌，也告诉大家直播是属于商业范畴，唱歌之前一定要经得著作权人的许可，法律就是这么规定的，我在此郑重道歉，希望不要告我，我确实没想用作商业用途，并未想通过唱歌积攒财富，如果需要赔偿我也会积极配合。"

[温馨提醒]

《中华人民共和国著作权法》第四十七条规定：有下列侵权行为的，应当根据情况，承担停止侵害、消除影响、赔礼道歉、赔偿损失等民事责任：

未经著作权人许可，发表其作品的；使用他人作品，应当支付报酬而未支付的；未经表演者许可，从现场直播或者公开传送其现场表演，或者录制其表演的。

据了解，《向天再借五百年》是电视剧《康熙王朝》主题曲。只要使用他人作品而不符合合理使用或法定许可情形，都构成著作权侵权。"合理使用"包括个人学习、研究或者欣赏而使用作品；免费表演已经发表的作品，该表演未向公众收取费用，也未向表演者支付报酬，且不以营利为目的。如果纯属自娱自乐，也没有收取或变相收取费用，这种情况属于对他人作品的合理使用，不构成侵权。而主播A的直播有打赏等其他收费事项，且粉丝众多，其行为应当被认定为盈利行为，而非"合理使用"的范围。

[职业思考]

随着各大网络平台及网红经济的发展，不少主播都会在直播间唱歌，与粉丝互动。主播A在直播间哼唱了几句《向天再借五百年》就被诉侵权，也是在告诫各位主播和视频创作者，在直播和内容创作中，一定要注重提高音乐版权保护意识，尊重和保护版权方的合法权益，共同维护音乐市场的健康发展。

> **课堂讨论**
>
> 除了上面提及的直播道具外,你还知道哪些直播道具?它们有什么用处?应该在什么情况下使用?

3.4 直播间灯光布置

随着直播行业从业人群的不断增加,内卷越来越严重,大家对直播间音频、视觉效果的要求也越来越高,一个好的直播间的灯光布置至关重要。合理的灯光布置能够有效提升主播的整体形象,展现商品或品牌的亮点,烘托直播间的氛围。

直接间灯光布置

灯光布置主要用于室内直播补光。直播间的补光灯可分为主灯和辅助灯,主灯提供主光源,辅助灯提供补光光源。

> **知识链接**
>
> 不同类型的灯光可以搭配同一型号的灯,摆放在不同的位置,调整为不同的亮度、色温等,从而创造出不同的光线效果。

直播间常见的灯光布置方案如表3-4所示。

表3-4 直播间常见的灯光布置方案

数量	类型	主灯/辅助灯	位置摆放	适用范围	优点
1盏灯	环形灯	主灯	距人1米左右的正前方且比人高15厘米左右	适用于手机直播,仅有主播入境	操作简单,有瘦脸、美颜的效果
2盏灯	不限	同为主灯,或一盏为主灯,另一盏为辅助灯	靠近摄像头的两侧且距离相同,略高于摄像头,光线投向主播	主播坐着直播带货	凸显主播脸部与直播内容
3盏灯(见图3-46)	环形灯1盏、柔光箱2盏	环形灯为主灯,柔光箱为辅助灯	环形灯放在主播正前方、柔光箱放在主播两侧且距离相等	主流的灯光布置方案,服装、美妆、珠宝、人物专访且空间较小的直播场景	还原立体感和空间感
	柔光球1盏、柔光箱2盏	柔光球为主灯,柔光箱为辅助灯	柔光球在镜头上方且高于镜头和主播,柔光箱放在主播两侧		

续表

数量	类型	主灯/辅助灯	位置摆放	适用范围	优点
4盏灯	环形灯1盏、柔光箱2盏、柔光球1盏	环形灯为主灯，其他灯为辅助灯	环形灯正对主播，柔光箱放在主播两侧且距离相等，柔光球位于主播头顶上前方	有助播或嘉宾参与的带货直播	打亮主播正面和直播间局部空间
5盏灯	柔光球1盏、柔光箱1盏、环形灯3盏	柔光球为主灯，其他灯为辅助灯	柔光球正对主播，柔光箱面对主播侧边的装饰物、背景墙等，2盏环形灯位于主播两侧且光线打向主播，另1盏环形灯位置低于主播脸部，光线可投向主播或商品	知名主播直播间、物件较多的直播间	打亮主播正面和直播空间，提升画面的质感

图3-46　三灯布光法

知识链接

　　直播的灯光和背景墙的颜色一定要匹配，顶灯灯光要把场景照亮，左右灯光负责增加人物和产品的立体感。所售产品要与灯光配置相符，比如圆形灯更柔和，光线更散。如果是实体店，一般上面装一个顶灯和照货架的射灯。

课堂讨论

　　请以服装类直播为例，从用户观看直播的直观感受出发，谈一谈什么样的直播间场景布置让你感到最为舒适。

实战演练

一、单项选择题

1. 直播间的布置首先要考虑的是（   ）。
 A. 灯光　　　　　B. 场地　　　　　C. 设备　　　　　D. 道具
2. （   ）适合直播体型较大或者规模较大的商品，或需要展示货源采购现场的商品。
 A. 门店直播　　　B. 室内直播　　　C. 室外直播　　　D. 工作室直播
3. 下列说法正确的是（   ）。
 A. 源头产地背景适合意识到直播的红利，开始亲自上阵直播的工厂店
 B. 直播间的环境和装修，不会影响用户对直播间的印象
 C. 室内直播一般适合直播体型较大或者规模较大的商品
 D. 室外直播一般适合介绍工艺装饰品或者讲解服装类商品
4. （   ）是直播活动中的"主角"之一，因此需要合理陈列摆放。
 A. 道具　　　　　B. 音乐　　　　　C. 主播　　　　　D. 商品
5. 自拍杆无法彻底解决视频画面"抖动"的问题，这时主播可以选用稳定性更强、拍摄效果更好的（   ）来进行直播。
 A. 视频摄像头　　B. 手机云台　　　C. 电脑　　　　　D. 灯光设备

二、多项选择题

1. 下列哪些属于常用的直播设备（   ）。
 A. 手机　　　　　B. 支架　　　　　C. 灯光设备　　　D. 话筒
2. 常见的直播道具有（   ）。
 A. 声卡　　　　　B. 秒表　　　　　C. KT板　　　　　D. 手牌
3. 直播间背景布置包括（   ）。
 A. 实体店背景　　B. 源头产地背景　C. 货架式背景　　D. 自定义背景
4. 话筒主要分为（   ）。
 A. 动圈话筒　　　B. 电容话筒　　　C. 有线话筒　　　D. 无线话筒
5. 室内直播场地的布置要点包括（   ）。
 A. 空间充足　　　B. 天气因素　　　C. 隔音效果好　　D. 光线充足

三、判断题

1. 直播间按场地要求可分为室内直播场地和室外直播场地。（   ）
2. 货架式背景不适合快消行业。（   ）
3. 直播中的物料应随意摆放，方便主播拿取。（   ）
4. 直播间的补光灯可分为主灯和辅助灯，主灯提供主光光源，辅助灯提供补光光源。（   ）

5. 自定义背景一般用绿幕当背景,用摄像头和电脑后台抠图完成。　　　　　(　　)

四、简答题

1. 请列举至少 6 个直播间常用设备。
2. 请列举至少 10 个直播间常用道具。

4 直播营销之策划

▶ **知识目标：**

    1. 掌握直播营销的基本流程
    2. 了解直播流程活动方案的策划技巧
    3. 掌握直播脚本的设计要点

▶ **技能目标：**

    1. 能够完成直播活动的基础操作流程
    2. 能够策划完整的直播活动流程方案
    3. 能够完整设计整场直播脚本和单品直播脚本

▶ **思政目标：**

    1. 树立遵守法律法规及直播电商平台规则的意识
    2. 自觉承担与传播正能量的责任和义务，加强网络责任教育

> 知识概览：

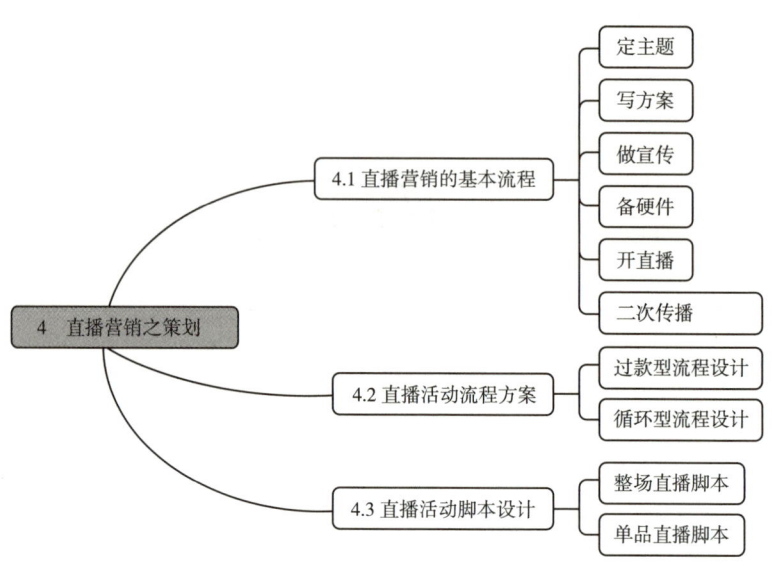

情境引入

直播间建设完成后，领导安排小李策划一个直播营销流程方案，并以方案和直播脚本为指导，操作一次完整的直播营销流程。小李想立马投入直播策划的工作当中，但却陷入难题：直播营销流程包括哪些内容？直播脚本撰写又有什么技巧呢？

直播营销活动是一场牵涉甚广的、复杂的、大型的活动，若缺乏合理的、完整的直播营销策划方案，直播活动很难实现既定目标，甚至会在直播过程中出现各种问题。所以，直播活动开始之前，直播运营团队需要根据本场直播的具体情况，制定科学的策划方案，根据方案指导后续直播活动，达到预期的营销目的。

4.1 直播营销的基本流程

直播活动开始前，直播运营团队必须合理策划与设计直播活动的整体流程，保证直播活动的顺利实施。直播营销活动的基本流程包括定主题、写方案、做宣传、备硬件、开直播、二次传播6个方面。

直播营销的基本流程

4.1.1 定主题

首先，要确定此次直播活动的主题（见图4-1）。有了主题和目标才能制订后续计划。通过目标来精准定位人群和市场，结合自己的产品圈定目标用户群体，为直播带来最大的流量提升，也防止团队在后续实施时出现偏离。

例如，若直播是为了配合店铺的上新，就可以围绕新品为主题进行发散；若直播的主题内容是对粉丝进行回馈或活动，则要重点突出优惠。如果上新频率较少，可以从粉丝、买家的需求策划其感兴趣的主题。

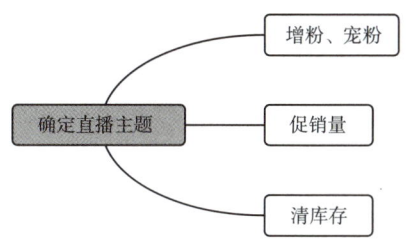

图 4–1　直播主题的确定

其他可参考的直播主题如表 4–1 所示。

表 4–1　　　　　　　　　　其他可参考的直播主题

主题	分主题	具体内容
节假日	中国传统节假日	春节、端午节、元宵节、中秋节、清明节特色商品
	文化历史节假日	儿童节、教师节、母亲节、父亲节、劳动节特色商品
季节	春季	春季新品、烧烤、防雨用具
	夏季	清凉降火、防晒、防蚊、沙滩玩具、夏季新品、饮料、雪糕
	秋季	秋季新品、旅游、民宿
	冬季	保暖御寒、火锅、润肤乳

4.1.2　写方案

了解用户需求，深挖用户痛点，明白用户最缺什么、最需要什么。将这些体现到直播活动策划中，直击用户痛点，引起用户共鸣，激发购买行为。因此，做直播活动方案策划，切忌主观臆断，而要从用户的角度出发，以用户思维思考问题，从而使直播活动策划达到更好的效果。

直播方案一般作为直播运营团队内部沟通所用，目的是让直播活动的所有参与人员熟悉直播活动的流程和角色分工。直播方案需要简明扼要，表达主题，一般而言，直播方案包括以下 6 项内容（见表 4–2）。

表 4–2　　　　　　　　　　直播方案的主要内容

直播方案要点	说明
直播目标	明确直播需要实现的目标、期望吸引的用户人数等
直播简介	对直播的整体思路进行简要的描述，包括直播的形式、直播平台、直播特点、直播主题等
人员分工	对直播运营团队中的人员进行分组，并明确各人员的职责
时间节点	明确直播中各个时间节点，包括直播前期筹备的时间点、宣传预热的时间点、直播开始的时间点、直播结束的时间点等
预算	说明整场直播活动的预算情况，包括直播中各个环节的预算，以合理控制和协调预算
特殊情况处理	直播中断、画面卡顿、闪退、商品质量问题、商品价格问题、商品链接问题

4.1.3 做宣传

直播宣传实际上就是直播营销广告，是引导用户进入直播间，让用户了解直播信息的重要方法。一般而言，商家会选择以下 4 种方式，在微博、微信上发布直播宣传文案。

1. 借势宣传

借势宣传即借助本场直播的嘉宾或主播本身的名气为直播进行宣传，或融合网络流行话题、娱乐新闻、节日等热点为直播引流。

一个不知名的小主播，没有明星光环加持，就可以进行借势宣传，借助名人的知名度做宣传，利用观众对名人的喜爱，吸引观众进入直播间。例如，直播间有明星同框，名人同款等，以此来蹭热度，获取更多曝光。

2. 利益宣传

利益宣传即直截了当告知用户本场直播可获得的利益，包括直播中的促销活动、折扣活动、抽奖活动，以及在直播间可享受到的低价商品等。

利益宣传可以通过明示或者暗示，在直播宣传文案中告诉用户，进入直播间能获得的好处有哪些。例如，凡进入直播间的观众，都有机会抽奖，奖品需要有吸引力。用户如果被奖品诱惑到，就会进入直播间。

3. 饥饿营销

饥饿营销即规定本场直播用户能够享受福利的时间段、可享受直播福利的人数、可享受的直播福利数量等，制造直播的紧缺感，从而引导用户观看直播。

饥饿营销的前提是产品的性价比一定要高，否则用户不会买账。同时，直播间饥饿营销，不等同于限制库存供应，更重要的是塑造争抢氛围。很多主播在使用饥饿营销宣传时，因为方法不当，最终的结果也不如人意。真正的直播间饥饿营销，首先需要在宣传文案中注明直播时间，并强调只有在规定的时间内参与直播活动，才能获得利益，以此来吸引用户，实现直播预热的目的。其次需要在直播中营造"供不应求"的争抢氛围，促使用户快速下单。

4. 价值包装

在用户对主播不熟悉的情况下，要想通过直播宣传文案让用户对直播间产生兴趣，那么文案就一定要让用户认为，直播间的东西对他有价值，这就是价值包装。所以，直播宣传可以直接告诉观众，本场直播或者直播间的产品，能给他带来什么好处。

> **课堂实训**
>
> 请你为美妆类直播撰写 2 条富有吸引力的直播宣传文案。

4.1.4 备硬件

俗话说"兵马未动，粮草先行"。除了需要将直播营销方案撰写、完善之外，每次直播开始前，商家需要将直播过程中用到的软、硬件设备（见表 4-3）提前准备并测试好，并尽可能降低失误率，防止因筹备疏忽而影响最终的直播效果。

表 4 – 3　　　　　　　　　　　　　直播需要准备的硬件

硬件要点	说明
直播设备	手机、电脑、摄像头、灯光、网络等
直播场地	室内场地、室外场地
直播辅助设备	商品、道具、宣传物料等

直播开播前的准备工作，是直播运营中一项很重要的基础工作（见图 4 – 2），确认一切准备就绪后，即可准时开播。

优秀的主播和直播团队（见图 4 – 3），会认真对待每一次直播，会对很多细节做好维护，开始时会发现有很多工作准备不到位，需要重新弥补，但做久了就能不断完善，养成良好的直播前准备的好习惯。表 4 – 4 和表 4 – 5 是直播运营团队需要提前准备的直播相关内容。

图 4 – 2　摆放整齐的直播间道具

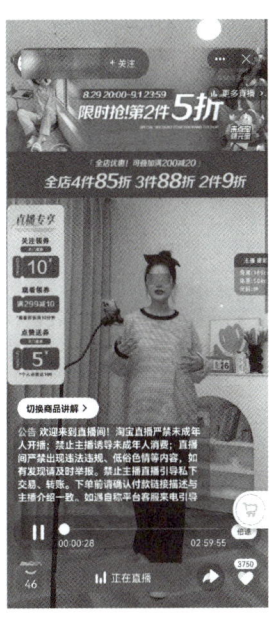

图 4 – 3　精神饱满的主播

表 4 – 4　　　　　　　　　　　　直播需要准备的其他内容

准备要点	要点详情	要点说明
产品	产品信息	品牌名，品牌背景文化等，并根据直播产品的基础信息，熟悉直播产品的话术素材，避免产品推荐时硬推的尴尬感
	产品卖点	产品特性，产品亮点，区别于同类产品的差异化特点
	产品总结	根据直播带货产品的作用、功能、针对方向等，总结产品的归属品类，如何使用，主要针对人群等
	优惠机制	了解直播产品的具体优惠机制
	产品试用	记录试用感受、记录功效，总结话术；根据测试感受为产品提炼上口、好记的关键词、关键短句，便于展示产品时使用

续表

准备要点	要点详情	要点说明
音乐	氛围音乐	编排要演唱的歌曲、舞蹈、与粉丝分享的段子等,并且准备好相关伴奏音乐
道具	辅助道具	提前准备好产品的问答脚本和测试工具,辅助说明的道具可以在直播间讲解过程当中达到产品秒懂的效果,这样也更加有利于直播转化。将直播中需要用到的道具摆放完毕,避免直播过程中到处找道具的情况
人员	精神状态及妆容	调整状态,保证精神饱满有激情、口齿清晰、表达流畅;主播的妆容、穿着要符合目标群体的审美喜好,妆容干净、发型整洁

表 4-5 抖音直播开播前准备工作核对表

项目	内容	完成度	负责人	备注
灯光				
直播手机	标题			
	话题			
	简介			
后台	巨量百应			
	抖店			
直播间商品排序				
库存				
价格				
麦克风				
音乐				
投屏器				
比价牌				
指令牌				
样品				
道具				
短视频	是否上 DOU+			
	准备条数			
	发送时间			
直播间管理号				
抖店客服				
口碑分				
活动内容				
直播目的				
粉丝群	直播预告			
	新品预告			

> **名词解释**
>
> DOU+是抖音内容加热和营销推广产品。

4.1.5 开直播

前期的策划筹备是为了确保直播现场执行流畅。但对观众来说，只看得见当下的直播现场，看不到前期为了直播的各种策划和筹备。因此，要想实现预期的直播营销目的和效果，主播及直播团队人员必须尽量执行直播营销方案，将直播开场、直播互动、直播收尾等环节顺畅地推进，保障整场直播的顺利完成，操作要点如表4-6所示。

表4-6 直播营销活动执行环节的操作要点

执行环节	操作要点
直播开场	通过提问题、抛数据、讲故事、用道具、借热点等方式开场，渗透营销目的，引发观众兴趣，带入直播场景，促进观众推荐
直播活动	通过弹幕互动、参与剧情、直播红包、发起任务、礼物打赏等方式，增强观众兴趣，提高用户在直播间的停留时长，促使消费
直播收尾	对观众的热情陪伴表示感谢，预告下场直播的内容；引导用户关注直播间；引导用户进入官方店铺，促进购买与转化；引导粉丝加入互动运营群，逐步将直播观众转化为忠实粉丝

4.1.6 二次传播

直播时不能只关注直播现场的传播效果，还要做好二次传播，为直播间吸引更多流量。即时性是直播不同于其他传播沟通渠道的差异点，考虑到直播整体时长较长，用户已经习惯了碎片化接收信息，直播完整片段可通过截取片段分享到抖音、快手、微博等平台进行二次传播，进一步扩大影响范围，延长直播内容的生命周期，挖掘潜在消费者和吸引粉丝参与。

常见的二次传播形式包括制作高质量的视频或者撰写直播相关软文等。比如大V转发、话题热搜等都是比较常见的二次传播方式，以吸引更多流量，增加曝光量等。具体操作可以在直播前做好传播计划，提前准备好宣传文案，活动结束后第一时间把现场照片、直播视频截图或片段整理成软文或短视频的形式发布在社交媒体上，比如刘某在《本草纲目》中的毽子操通过直播精彩片段在各大平台的传播引发了热度的进一步提升和影响力扩大。

> **课堂实训**
>
> 请观看一场带货直播，录制相关视频，并利用剪映App将视频进行剪辑，如添加字幕、设置字幕字体和颜色、视频变速、添加特效、设置背景音乐等，供二次传播。

4.2 直播活动流程方案

直播中，各个岗位的人员要按照直播脚本上的流程和节奏做好本职工作。主播负责讲解产品，中控配合主播进行产品的上下架，场控负责维护直播间的互动气氛，投手根据流量情况及时调整巨量千川的投放，客服及

直播活动流程方案

时回复用户的信息。不同的直播间采用的直播流程是不一样的,下面介绍两种最常见的直播流程设计。

4.2.1 过款型流程设计

一场直播准备了很多款产品,需要依次介绍,每款产品在直播间只介绍一次,这就是过款型流程,适合产品比较多的直播间,如表4-7所示。

表4-7　　　　　　　　　　过款型直播流程设计

时间安排	直播内容	主播安排
18:00—18:10	热场+互动	小李
18:10—18:40	第一组3款主打产品	小李(主)+小刘(助)
18:40—18:50	第一组1款宠粉产品	小李(主)+小刘(助)
18:50—19:00	店铺活动介绍	小李(主)+小刘(助)
19:00—19:30	第二组3款主打产品	小李(助)+小刘(主)
19:30—19:40	第二组1款宠粉产品	小李(助)+小刘(主)
19:40—20:00	第一组+第二组快速过款	小李(助)+小刘(主)

4.2.2 循环型流程设计

有些直播间的产品数量不多,如果仍然采用过款型流程设计,每一款产品的介绍时间会拉得很长,这样就会导致用户失去耐心,离开直播间。因此,一般直播间产品数量低于5款的,不适合采用过款型流程设计。建议在一场直播中把所有的产品循环推荐3~4次,每一次约30分钟的时间,这就是循环型流程设计,如表4-8所示。

表4-8　　　　　　　　　　循环型直播流程设计

时间安排	直播内容	主播安排
18:00—18:10	热场+互动	小李
18:10—18:40	3款主打产品	小李(主)+小刘(助)
18:40—18:50	1款宠粉产品	小李(主)+小刘(助)
18:50—19:20	3款主打产品(第一次循环)	小李(主)+小刘(助)
19:20—19:30	1款宠粉产品(第一次循环)	小李(助)+小刘(主)
19:30—20:00	3款主打产品(第二次循环)	小李(助)+小刘(主)
20:00—20:10	1款宠粉产品(第二次循环)	小李(助)+小刘(主)

一个恰到好处的直播流程设计,能大大提升直播间的节奏感,既方便主播把控全场,也不会让用户丧失兴趣而离开直播间。无论是过款型直播间,还是循环型直播间,主播在介绍产品的时候,通常需要遵循固定的单品讲解流程。

1. 卖点引出(2分钟)

通常可以采用提问等互动的形式让用户参与进来,比如介绍一款适用于油性皮肤的洗面奶,就可以说"有没有脸爱出油的宝宝?在评论区扣1",这也是提高互动率的一个小技巧。

2. 手拿产品进行介绍(3分钟)

主要目的是介绍产品的卖点,可以参考产品的淘宝详情页,但不能完全照搬照念,一定要加入主播自己的话术。

3. 用户评价（3分钟）

可以从淘宝评论区、小红书笔记、公众号软文等地方，找到详细的用户评价，增强产品的真实性。

4. 促单销售（2分钟）

促单时间不宜过长，主播可以直接说出秒杀价格是多少，前3个下单有什么优惠，加入粉丝团有什么优惠等，促进用户下单。

> **课堂讨论**
>
> 在直播过程中，除了产品的讲解和销售之外，还有哪些环节需要团队所有成员的配合？请说出你的原因。

4.3 直播活动脚本设计

直播脚本是影响直播活动成功与否的关键因素之一。对于电商直播而言，直播脚本一般包含整场直播脚本（见表4-9）和单品直播脚本（见表4-10）两种类型。

直播活动脚本设计

表4-9 整场直播脚本参考

时间	2022年6月6日（星期六）20：00—00：00	
地点	××直播室	
主题	大牌美妆，冰点抢购	
主播	××	
预告文案	预告：直播间爆款星品，超值买赠不能错过！关注点击开播提醒，6月6日20：00来直播间，教你打造夏季高颜值，还有爆款星品小黑管和花瓣粉底液，带你走进奇妙的美妆世界	
直播流程		
预热	直播预热 ● 【主播自我介绍】 ——hi大家好！欢迎大家来到×××官方旗舰店的直播间，我是今天的主播××，非常开心今天能够来和大家一起来分享××的彩妆护肤产品 ● 【预热引入】 ——品牌背景 ××作为亚洲第一的彩妆艺术品牌，多年来一直都在为绽放女性独立、大胆的美而努力着。我们的创始人××最开始被人们所知悉是在好莱坞，因为大胆出色的化妆手法，技惊四座。至今，他都希望能够通过彩妆来表达女性的魅力和自信，传递新时代女性的独立精神。如果说你还没感受到彩妆给你带来的魅力，或者还在疑惑怎么挑选和使用彩妆，那么今天，主播就来带你们看看，哪些彩妆单品能够迅速提升你的颜值魅力。 ——优惠信息 关注成为会员，下单正装即送洁颜油随机款4ml*3 下单备注正装：送××无色限量卸唇啫喱1ml单片*2	5分钟

续表

预热	——排位赛助力前五名加赠 第一名送：泡沫隔离液 米色 SPF35 PA+++ 30g 第二/三名送：柔雾唇釉限量版 M RD 163 5.2g 试用装 第四/五名送：塑颜光感粉底液 10ml ——整点活动玩法 21点、23点答题抽奖，送夏季限定化妆包，共2份 ——点赞玩法 点赞2W、4W、6W、8W 送随机洁颜油15ml，共4份 ——618预售优惠 618单笔实付满480，送晶萃溢采臻白精华水 清新50ml样品 618单笔实付满899，送精华水50ml+夏日限定绿色条纹化妆包	5分钟
产品讲解 （口红）	引出话题 话题一：#大合照里的口袋小心机# 口红对女人有多重要，从她们的化妆台就看得出来，不同种类的口红琳琅满目。女人可以素颜，但绝不能素唇。再懒的女人，对口红也有很执着的追求，想在合照里被摄影师聚焦捕捉，你要学会如何挑口红。 偏黄肤色：适合暖色调的橙色或茶色口红。但注意，千万不要使用会让脸色显得难看的带有冷色调的粉色唇彩。 红润肤色：适合显色效果较好、色彩鲜明的口红。涂抹时无须模糊轮廓线，让唇显得清晰分明才是上上之策。 白皙肤色：适合鲜艳的橙色或嫩粉等色彩明亮的口红。唇部中央涂抹得浓一些，周围部分则淡淡地晕开，造就楚楚动人的轻柔娇唇。 颜色太淡的口红会让人看起来无精打采，所以不要使用。 黝黑肤色：适合选择浓烈的颜色，才能打造出精神焕发的印象。另外，使用含有金色或珠光闪粉的唇彩，能展现出十足的个性，切勿使用中性色。 ——口红不在多，有这几支足矣 ——如何用一支口红提升气场 ——秋冬最流行口红选择 产品总概况 1. 亚洲色彩权威，专为亚洲女性肤色，旨在黄皮显白才出色 2. 研制出155种色号、6种质地，将匠人精神发挥极致 3. 产品包装升级，简约三色，亚克力外身，低调有质感 4. 全线口红显色度佳、不拔干 产品讲解 无色限柔雾唇釉230元 1. 薄纱质感，上嘴质感十足 2. 上嘴成膜不粘杯，够持久 3. 高显色度，极致展现唇釉魅力色泽 4. 热卖色号：OR01 脏橘棕红色 小黑方炙烈唇膏（色号A开头-绒光）240元 1. 缎面妆效，丰盈顺滑 2. 热卖色号：销量NO.1 A RD163 显白神色：万能色号	30分钟

续表

产品讲解 （口红）	小黑方水光唇膏（色号前无字母-水光）240元 1. 丰盈柔滑水光质地，润而不腻 2. 添加山茶花萃取，涂抹顺滑 3. 混合色素因子，即使光泽感强，仍高度保真显色 4. 热卖色号：OR590 番茄色，橙色活力调，温婉轻熟，气质出众	30 分钟
产品讲解 （皮卡丘）	引出话题 话题二：#一盒满足少女心和童年回忆# 如果说男生的手是精灵球，那么每个女生就像从一开始就不愿意安静地待在球里，只想成为安静陪在他身边的皮卡丘。××节快到了，这一份礼物必须送出去 ——皮卡丘系列限量礼盒展示 ——怎么一次满足多个愿望（热门口红色号合集+洁颜油尝鲜+一盘眼影打造无数妆容） 产品讲解 ×××宝可梦2022限量系列迷你唇膏套盒600元 一、鬼马精灵皮卡丘限定版定制套盒 1. 限量2 500件，售完即止 2. 高级奢享，独一无二 二、一次满足你5个愿望 1. 热门显白色，一次 ALL IN 2. M RD163 显白神色：断货王/M OR570 元气血橙：C位非你莫属/M RD144 橘调鲜红：诱人可口/M CR342 赤茶珊瑚：清新好气色/M BG954 玫瑰豆沙：满分温柔少女 3. 柔雾妆感，质感十足 三、1/3 正装规格，小巧易携带 精致便携，玩转唇色魔力 四、其他 （会员送）洁颜油随机款4ml*3，（备注送）××无色卸唇啫喱1ml单片*2。 （切记叮嘱粉丝拍下留言"××大卖"）。 ×××宝可梦迷你洁颜油套装320元 一、鬼马精灵皮卡丘限定版定制套盒 1. 限量7 200件，售完即止 2. 高级奢享，独一无二 二、一次囊括4大经典洁颜油，一次试个够 1. 经典洁颜油，一次尝鲜 2. 黄金养肤洁颜油/绿茶新肌洁颜油/樱花净肤洁颜油/净透焕颜洁颜油 三、50ml 规格，小巧易携带 旅行携带，时刻净彻养肤 四、其他 （会员送）洁颜油随机款4ml*3，（备注送）××无色卸唇啫喱1ml单片*2。 （切记叮嘱粉丝拍下留言"××大卖"）。 粉丝互动问答&整点点赞 实时解答粉丝提问	25 分钟

续表

要点	脚本内容	时长
引导下次关注	结束+预告 引导关注，预告下一次直播时间 感谢大家收看××官方旗舰店的直播，记得点左上角的关注按钮，留意更多的店铺微淘动态以及直播预告，我们下次再见啦，晚安	3分钟

表4-10　　　　　　　　　　　　单品直播脚本参考

要点	脚本内容	时长
产品导入	X品牌想必大家都听说过，它家是专门做防晒的一个老牌子了。接下来要推荐的这款防晒喷雾，就是来自X品牌的当家花旦。男女都可以使用，无论你是在海滩度假、户外运动，还是即要开学军训的小伙伴们都可以放心使用	1分钟
产品卖点	这款防晒喷雾是由××代言，防晒指数SPF50+，PA+++。我们都知道，UVA和UVB以不同程度及方式影响肌肤，存在引起肌肤癌的隐患。SPF具有防止肌肤因UVB照射而被晒黑、晒伤的能力；PA具有防止肌肤因阳光中的UVA照射而产生老化及病变的能力，这款防晒喷雾具有很高的SPF50+和PA+++，所以说防晒效果是很棒的	2分钟
产品利益点	这款防晒喷雾采用的是德国防晒技术，防水防汗、冰爽酷感、轻薄无负担。使用方法也很简单，先摇晃、再喷、最后拍打深入肌肤。这里给大家科普一下防晒产品的使用，所有的防晒产品在涂抹后都具有一定的时效性，尤其是皮肤出汗或接触水以后，需要用毛巾擦干肌肤，及时补涂，才能取得持久有效的防晒效果。（介绍产品的同时，可在手部进行试用，并说明感受）	1分钟
引导转化	这款防晒喷雾的标价是239元，你们猜直播间售价为多少元？只要119元！惊不惊喜，意不意外。再加50元，你们就可以带走2瓶。X品牌的防晒喷雾，169元两瓶！足够用一整个夏天的量！大家准备好没，倒数3个数开拍，先到先得，限量600套，3、2、1……	1分钟

一场3小时的直播，主播需要做什么？场控需要做什么？投手需要做什么？中控需要做什么？不同岗位的工作内容都会被写进直播脚本里，所以，每个人都要提前了解直播脚本里的内容，明确自己要做哪些工作。

一般直播团队中，直播运营负责写直播脚本，直播脚本不是写给观众看的，而是写给整个直播团队看的。直播脚本是一个总体的直播大纲，一个完整的直播脚本，需要把直播间每个环节按时间轴顺序列写下来，以及每个环节需要多少时间。一般来说，直播脚本需包括明确直播主题、把控直播节奏、调度直播分工、开场的预热、直播间的互动、产品讲解、产品测评、抽奖环节、案例分享等。

新手主播直播前，需要按照脚本将整个直播流程演练一次。只有当主播熟练掌握整个过程后，才能在实际直播中有条不紊，松弛有度，从而达到更好的直播效果。

> **知识链接**
>
> 无论讲解何种品类的产品，主播都可以遵循产品导入、产品卖点、产品利益点和引导转化这4个步骤来进行。每个步骤的时间大致为1分钟产品导入，2分钟产品卖点讲解，1分钟产品利益点讲解，1分钟引导转化。

课堂实训

请自选一款热门单品,参照单品直播脚本说明表的基本格式(见表 4-11),从产品导入、产品卖点、产品利益点和引导转化等方面为其撰写单品直播脚本。

表 4-11 单品直播脚本说明

要点	脚本内容
产品导入	
产品卖点	
产品利益点	
引导转化	

实战演练

一、单项选择题

1. 设计直播方案需要明白用户缺什么和需要什么,也就是要深挖用户(　　)。
   A. 痒点　　　　　　B. 需求　　　　　　C. 痛点　　　　　　D. 爽点
2. 一款一款依次介绍直播产品的直播流程称为(　　)。
   A. 过款型流程设计　　　　　　　　B. 优惠型流程设计
   C. 实操型流程设计　　　　　　　　D. 循环型流程设计
3. 通过塑造争抢氛围,制造直播的紧缺感,引导用户观看直播的宣传方式称为(　　)。
   A. 借势宣传　　　　B. 利益宣传　　　　C. 饥饿营销　　　　D. 价值包装
4. 借助直播嘉宾的名气或借助热点宣传直播间的宣传方式称为(　　)。

A. 饥饿营销　　　　B. 借势宣传　　　　C. 利益宣传　　　　D. 价值包装
5. 对直播的整体思路（形式、平台、特点、主题等）进行简要的描述称为（　　）。
A. 直播目标　　　　B. 直播简介　　　　C. 直播预算　　　　D. 时间节点

二、多项选择题

1. 下列属于直播方案主要内容的有（　　）。
A. 预算　　　　　　B. 时间节点　　　　C. 直播简介　　　　D. 人员分工
2. 常见的两种直播活动设计包括（　　）。
A. 过款型流程设计　　　　　　　　　B. 优惠型流程设计
C. 实操型流程设计　　　　　　　　　D. 循环型流程设计
3. 直播团队中，负责配合主播进行产品的上下架、负责维护直播间互动气氛的两个岗位是（　　）。
A. 宣传　　　　　　B. 中控　　　　　　C. 场控　　　　　　D. 主播
4. 直播需要提前准备的硬件设备有（　　）。
A. 手机　　　　　　B. 摄像头　　　　　C. 灯光　　　　　　D. 网络
5. 直播营销活动执行环节的操作要点主要包括（　　）。
A. 直播开场　　　　B. 直播活动　　　　C. 直播收尾　　　　D. 直播脚本

三、判断题

1. 直播营销活动牵涉甚广，直播运营团队需要制定科学的策划方案，才能达到预期的营销目的。（　　）
2. 借势宣传是指直截了当告知用户本场直播可获得的利益，包括直播中的促销活动、折扣活动、抽奖活动，以及在直播间可享受到的低价商品等。（　　）
3. 直播间产品数量低于5款的，适合采用过款型流程设计。（　　）
4. 直播场地属于直播要准备的硬件之一。（　　）
5. 二次传播不属于直播营销的基本流程。（　　）

四、简答题

1. 请列举直播营销的基本流程，并作简要说明。
2. 根据本章所学知识，尝试设计整场直播脚本。

5 直播营销之选品

▶ 知识目标：

1. 熟悉直播选品策略
2. 掌握直播商品定价思路
3. 了解直播选品配置比例

▶ 技能目标：

1. 能够了解直播选品的基础知识
2. 能够利用直播电商数据平台进行直播选品

▶ 思政目标：

1. 培养学生的爱国情感和高度责任感
2. 不售卖法律禁止销售的商品

> 知识概览：

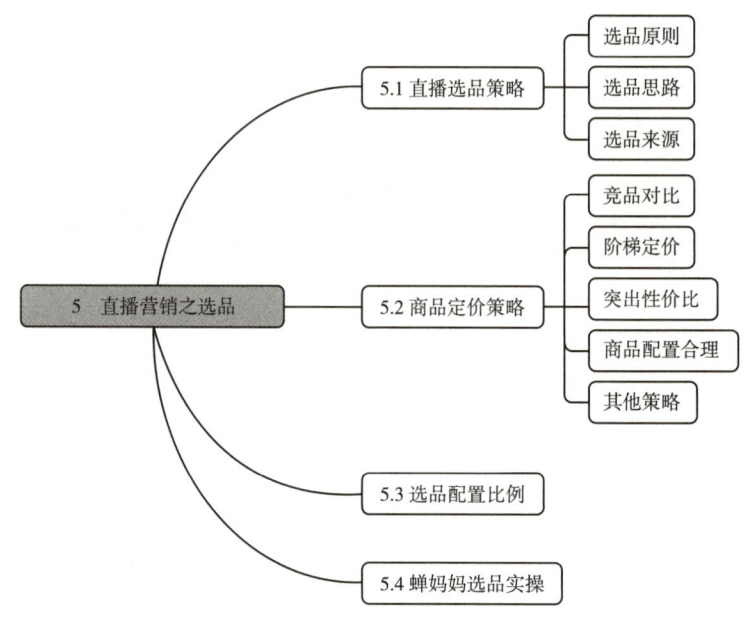

情境引入

了解直播营销策划流程之后，小李开始着手直播选品事宜。领导让小李根据自身情况进行选品，但是小李一时之间找不到合适的合作商家，对于怎样选择合适的直播商品，小李更是毫无头绪。对于小李这种暂时缺乏供应商的情况，怎样才能挑选到适合自己的商品呢？

不管是短视频带货还是直播带货，选品都是至关重要的，甚至可以被称为决定直播"生死"的关键环节，丝毫不能马虎。如果产品没选好，就算直播间人气很高，也可能会导致0转化的情况出现，甚至会影响主播的知名度。那么怎样进行直播选品，才能提高直播间的商品转化率呢？

5.1 直播选品策略

直播选品关系到直播间的成败，也是直播最重要的环节之一。选品不合适，会在很大程度上影响直播间的销售额。因此，直播团队一定科学化、逻辑化地进行选品。

5.1.1 选品原则

一般而言，直播间的选品原则需要符合"主播＋粉丝"的双重定位。首先，要明确主播定位。确定主播走什么路线，找准主播定位，才能更好地推销产品。其次，要分析粉丝画像。设立目标人群范围，了解人群特点，根据特点进行直播选品。

直播选品策略

5.1.2 选品思路

> **知识链接**
>
> 引流款：获取流量和信任。
> 畅销款：解决用户的需求，承接流量。
> 利润款：获取利润。
> 特色款：增加用户黏性，提高复购率。

直播间常见的选品思路是将产品分类为引流款、畅销款、利润款和特色款。同时，了解粉丝的真正需求以及全网的优惠价格也同样重要。

此外，还要了解每款商品背后的特色和供应链优势，除了保证商品利润，也要保证商品质量，让粉丝感受到满满的诚意，从而收获粉丝信任。如果没有强大的供应商渠道，可以利用蝉妈妈、抖查查等直播电商数据分析平台来进行选品。

5.1.3 选品来源

目前，主播货品来源的主要渠道有分销平台、合作商和自营品牌，这三大渠道各有特点。对于分销平台，主播可以向京东、苏宁易购等电商平台的商家申请样品或购买商品试用，然后在直播间推荐商品，赚取佣金；对于合作商，一方面商家可以通过私信或商务联系的方式主动寻求与主播合作，另一方面，主播也可以对外招商与商家合作；自营品牌不言而喻，就是在直播间推荐自己的商品。

目前，非电商类直播平台的多数达人主播直播带货的商品都来自京东等分销平台，这种选品方式虽然成本投入低，操作便捷，但分销佣金不稳定，商品发货时间和品质有时难以得到足够的保障。与商家合作时，主播可以严选商品，保证商品的品相和品质，从而提高直播间的转化率。但是，对于影响力不大的主播而言，这种直播带货的佣金可能较低。自营品牌的商品选择由主播自行掌控，但投入成本较大，需要建立成熟的供应链。

> **思政小课堂**
>
> 直播间禁止售卖枪支弹药、管制刀具、烟花、爆竹、鞭炮等易燃易爆物品，含有色情、暴力、低俗内容的商品，用于监听、非法摄像的设备，处方药、假药、美容针剂类药品，国家保护动植物及动物捕杀器具等商品。

5.2 商品定价策略

商品价格是影响用户下单的重要因素。直播团队要想做到优价，需要遵循以下5项策略。

5.2.1 竞品对比

与所处行业内的商家、达人以及其他平台的商家做出差异化定位，凸显直播间商品的高性价比。

商品定价策略

5.2.2 阶梯定价

根据行业特性和品牌价格区间,对不同款商品进行阶梯定价,如100元以下、100~200元、200~300元、300元以上的不同价格区间内,均有主推商品可承接不同消费价位用户的需求。

5.2.3 突出性价比

通过与线下、常规产品价格对比,体现直播间主推款的性价比优势,促进用户转化。例如,波司登羽绒服,常规款价位在1 500元左右,主推款价位选择699~1 499元的商品,通过常规款价格反衬出主推款的性价比优势。

5.2.4 商品配置合理

直播间要有合理的商品配置,协助带货主播实现报价。例如,高客单价商品需要充分利用赠品和低价刺激。通常会将直播产品分为宠粉、盈利单、盈利包、策略单,每款承担不同的任务。

直播间商品配置及宣传要点如表5-1所示。

表5-1　　　　　　　　　　直播间商品配置及宣传要点

宠粉款定价(前期吸粉必备)	粉丝专属限量商品,需要加入粉丝团(买满88元送××/新粉下单送××/老粉下单送××)
利润款定价(直接单品定价)	48元/68元/88元/98元买一发二;108元/128元/148元买二发三
利润款定价(套餐销售定价)	套餐不好比价;可以卖出高客单价;珠宝套盒/护肤套盒搭配
战略款定价(信任背书)	高价格单品(设计师定制款)/限量感稀缺感打造/孤品/断码/限时秒杀

通过以上4个层次的产品相互搭配,让直播产品的报价结构达到"秒杀引流款+大众化潜力爆款+高客单价稀缺限量款"的最佳配置。再加上合理的定价策略,让直播间的商品盈利实现最大值。

5.2.5 其他策略

通过粉丝优惠、限时折扣、限量秒杀、满减券优惠和搭配赠品等活动形式,让用户体验到在直播间购买的特有福利和价格优势,刺激用户下单。

知识链接

客单价,是指每一个消费者平均购买商品的金额,即平均交易额。客单价的计算公式为:客单价=销售总额÷成交用户总数,或者客单价=每笔单价×人均交易笔数。客单价的本质是在一定时期内,每位用户消费的平均价格,离开了"一定时期"这个范围,客单价这个指标是没有任何意义的。

例如,某店铺在18:00—20:00共有30名顾客进行了消费,销售总金额为3 000元。其中,20名顾客分别成交了1笔订单,10名顾客成交了2笔订单。那么,该店铺在该时间段的客单价为:客单价=3 000÷30=100(元/人),或者客单价=[3 000÷(20+20)]×[(20+20)÷30]=100(元/人)。

5.3 选品配置比例

直播间的销售成绩和选品策略密切相关,而直播带货的核心目标是盈利。不同定位商品进行配比组合,可以很好地利用价格差异调动观众情绪,提高直播间人气。在规划商品配置比例时,主播要记住三大要素,即商品组合、价格区间和库存配置。

选品配置比例

> **思政小课堂**
>
> "严控质量"被写入互联网营销师国家职业技能标准的职业守则中。因此,主播及其团队在选品时,应拥有自己的质量标准即"底线"选择,这样才能让消费者在直播间买到性价比更好的、更适合自己的商品,也能反过来提升主播的声誉。

好产品自带流量,不好的产品营销做得再好,订单量也寥寥无几。选对一个爆款带来百万 GMV 的销售神话虽然存在,但对于更多中小商家或主播来说,追爆款的周期成本较高。在竞争激烈的市场中,利用现有货品,搭配合适的选品结构打造"持续增长"的销售额,是商家最需要思考的问题。那么引流款、福利款、利润款商品之间该如何配比呢?可参考表 5-2 和表 5-3。

表 5-2 直播间的商品配置数量

商品类型	配置数量	配置说明
引流品	2~5 款	用来调动直播间气氛,但不同类型直播间的引流款价格也不同。比如明星或头部主播常用 1 元或 9.9 元的秒杀单品进行暖场,垂类直播间则常用主营周边的低价单品引导用户关注直播间;除了低价商品外,还可以根据直播间观众的价格偏好搭配引流品
畅销品	2~6 款	畅销品一般用来冲业绩。畅销品的销量通常经过市场验证,比如对于垂类直播间来说,畅销品通常是主播带货历史中销量最好的商品,在整场直播中可能支撑了 70% 以上的销售额
利润品	10%~50%	根据不同的直播目标进行分配,若直播以吸粉为目的,则利润款的占比多在 10%~20%,若直播间以转化为目的,则利润款的占比可能会高达 50%
特色品	1~5 款	用来拓宽商品受众或者提升整体商品档次

表 5-3 直播间商品关键指标

爆品关键指标	影响因素
直播间点击率	直播间画面/主播状态/商品吸引力
商品点击率	主播话术/商品图吸引力/展示效果
成单转化率	商品价格/评价/产品展示图与用户心理预期相符

> **课堂讨论**
>
> 看一场知名主播的带货直播,看一看其选品有什么独特之处。

5.4 蝉妈妈选品实操

利用蝉妈妈、抖查查等数据平台来进行选品,通过查看往期产品的数据,以及整个大盘数据,前期重点关注日榜、周榜、月榜的销售情况,退货率,生产能力和利润等,得到最适合自己的选品。下面以蝉妈妈为例,讲解选品的具体操作步骤。

蝉妈妈选品实操

> **知识链接**
>
> 手机上下载并安装蝉妈妈 App,查看抖音或小红书平台的直播商品信息,比电脑查看更便捷。

(1) 打开蝉妈妈官方网站,在主页面左上角选择"抖音分析平台"选项,然后点击右上角的"注册/登录"按钮,如图 5-1 所示。

图 5-1 点击"注册/登录"按钮

(2) 在打开的页面中单击"短信登录/注册"选项卡,输入手机号码和验证码,单击"登录/注册"按钮,如图 5-2 所示。

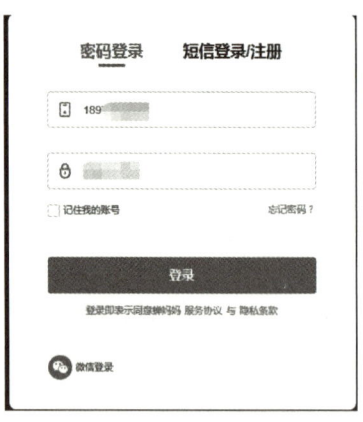

图 5-2 注册并登录账号

（3）登录成功后，将鼠标指针移动到页面上方的"商品"选项卡上，在打开的列表中选择"商品库"选项，如图 5-3 所示。

图 5-3　选择"商品库"选项

（4）打开"商品库"页面，将鼠标指针移到"分类"栏中的"美妆护肤"选项上，在打开的列表中选择"面部护肤"选项，如图 5-4 所示。

图 5-4　选择"面部护肤"选项

（5）在"筛选"栏中将"佣金比例"设置为"20%～30%"，筛选分销佣金比例为 20%～30% 的商品；将"抖音销量"设置为"≥3 000"，筛选在抖音上销量较高的商品；在"带货"栏中单击"直播带货为主"选项，如图 5-5 所示。

图 5-5　设置商品筛选条件

（6）在页面下方的搜索结果列表中浏览商品信息，找到需要的商品，然后点击左侧的商品缩略图或标题链接，如图 5-6 所示。

商品	价格	佣金比例	总销量	直播销量	视频销量	关联达人	关联直播
【一元福利】故事与她美白祛斑面膜补水保…	¥1.00 规格	21.00%	5,000~7,500	5,000~7,500	0	50	70
【粉丝福利】物理吸附去黑头粉刺鼻膜鼻膏…	¥0.05 规格	28.00%	5,000~7,500	5,000~7,500	0	1	1
依蜜蔻灵芝臻颜奢宠套盒	¥169.00 规格	25.00%	2,500~5,000	2,500~5,000	0	1	2
【直播专享】迷奇高级神奇美容蜜抗皱面霜…	¥69.00 规格 ¥168.00	30.00%	2,500~5,000	2,500~5,000	100~250	27	45

图 5-6 浏览商品信息

（7）打开商品详情页面，如图 5-7 所示。在页面上方可查看商品的名称、分类、价格、佣金等信息，单击"商品价格"超链接，可在打开的页面中查看商品规格、尺寸、颜色等信息。页面下方默认显示商品的"基础信息"数据，包括商品概览、热推达人趋势、每日视频/直播趋势等信息，在左侧的列表中选择"达人分析""直播分析""视频分析""观众分析"等选项，可查看相应的信息。详细查看商品信息后，可以综合分析该商品的优势与劣势、目标用户和销量向量走势等情况。

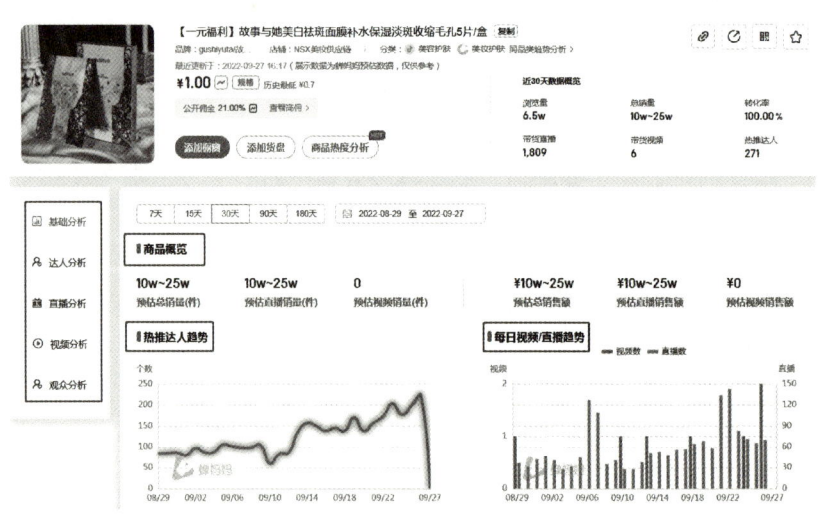

图 5-7 查看商品详情页面

（8）在商品详情页面上方单击"添加橱窗"按钮，在打开的对话框中单击"添加抖音号"按钮，如图 5-8 所示。

（9）在打开的页面使用抖音 App 扫描二维码，进行抖音账号登录授权，然后返回"将商品添加至达人橱窗"对话框，选中抖音号前的单选项，单击"确认"按钮，如图 5-9 所示。将商品添加至橱窗，直播选品工作完成。

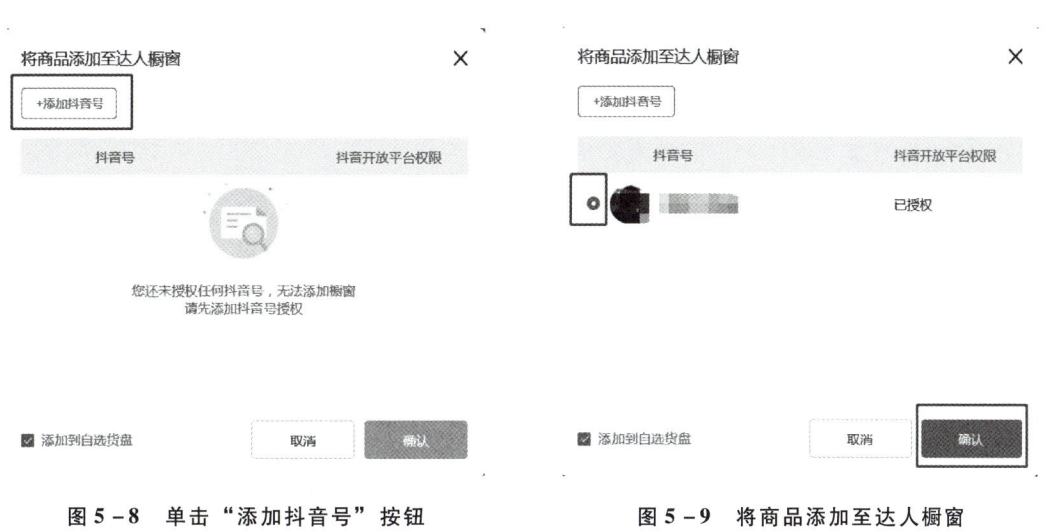

图 5-8 单击"添加抖音号"按钮　　图 5-9 将商品添加至达人橱窗

> **课堂实训**
>
> 利用蝉妈妈查找抖音直播近期销售情况比较理想的热门商品。

实战演练

一、单项选择题

1. 为了获取流量和信任的产品称为（　　）。

   A. 引流款　　　　B. 畅销款　　　　C. 利润款　　　　D. 特色款

2. 关于客单价，下列说法错误的是（　　）。

   A. 客单价是指每一个消费者平均购买商品的金额

   B. 离开了"一定时期"这个范围，客单价没有任何意义

   C. 客单价是指消费者购买商品的总额

   D. 客单价的计算公式为：客单价＝销售总额÷成交用户总数

3. 下列属于直播电商数据分析平台的是（　　）。

   A. 易企秀　　　　B. 蝉妈妈　　　　C. 创客贴　　　　D. 美图秀秀

4. （　　）需要充分利用赠品和低价刺激。

   A. 高客单价商品　B. 中客单价商品　C. 低客单价商品　D. 引流款商品

5. 直播商品配置中，（　　）用于拓宽商品受众或提升商品档次。

   A. 引流款　　　　B. 畅销款　　　　C. 利润款　　　　D. 特色款

二、多项选择题

1. 主播货品来源的渠道有（　　）。

A. 淘宝   B. 京东   C. 合作商   D. 自营品牌

2. 下列关于直播间选品，说法正确的有（　　）。

A. 引流品是为了获取利润

B. 畅销品是为了解决用户的需求，承接流量

C. 不同定位的商品需要进行合理的配比组合

D. 特色品是为了增加用户黏性，提高复购率

3. 商品定价策略包括（　　）。

A. 竞品对比   B. 阶梯定价   C. 突出性价比   D. 商品配置合理

4. 不属于直播间爆款商品关键指标的是（　　）。

A. 直播间点击率   B. 商品点击率   C. 商品类别   D. 商品定价

5. 利用蝉妈妈打开商品详情页面，能看到（　　）等选项。

A. 达人分析   B. 直播分析   C. 视频分析   D. 观众分析

三、判断题

1. 直播产品分为宠粉、盈利单、盈利包、策略单，每款承担不同的任务。（　　）
2. 直播选品的配置，应该以利润品为主，不用进行商品组合。（　　）
3. 只要直播间人气很高，就算产品没选好，也不会导致0转化出现。（　　）
4. 手机下载蝉妈妈App，查看抖音直播商品信息，比电脑查看更便捷。（　　）
5. 规划商品配置比例的三大要素包括商品组合、价格区间和库存配置。（　　）

四、简答题

1. 直播间常见的选品思路是将产品分类为哪4种类型？
2. 简述利用蝉妈妈进行直播选品的步骤。

6 直播营销之引流

▸ 知识目标：

1. 了解直播预热的渠道、内容、时机
2. 掌握直播标题、封面、海报的设计方法及技巧
3. 了解直播互动和粉丝运营的要点
4. 掌握直播间免费推广和付费推广的渠道及方式

▸ 技能目标：

1. 能够设计出吸睛的直播标题、封面和海报
2. 能够利用不同途径的工具进行直播引流

▸ 思政目标：

1. 杜绝虚假宣传，抵制直播带假货
2. 不发布敏感信息，维护良好的直播消费环境

▶ 知识概览：

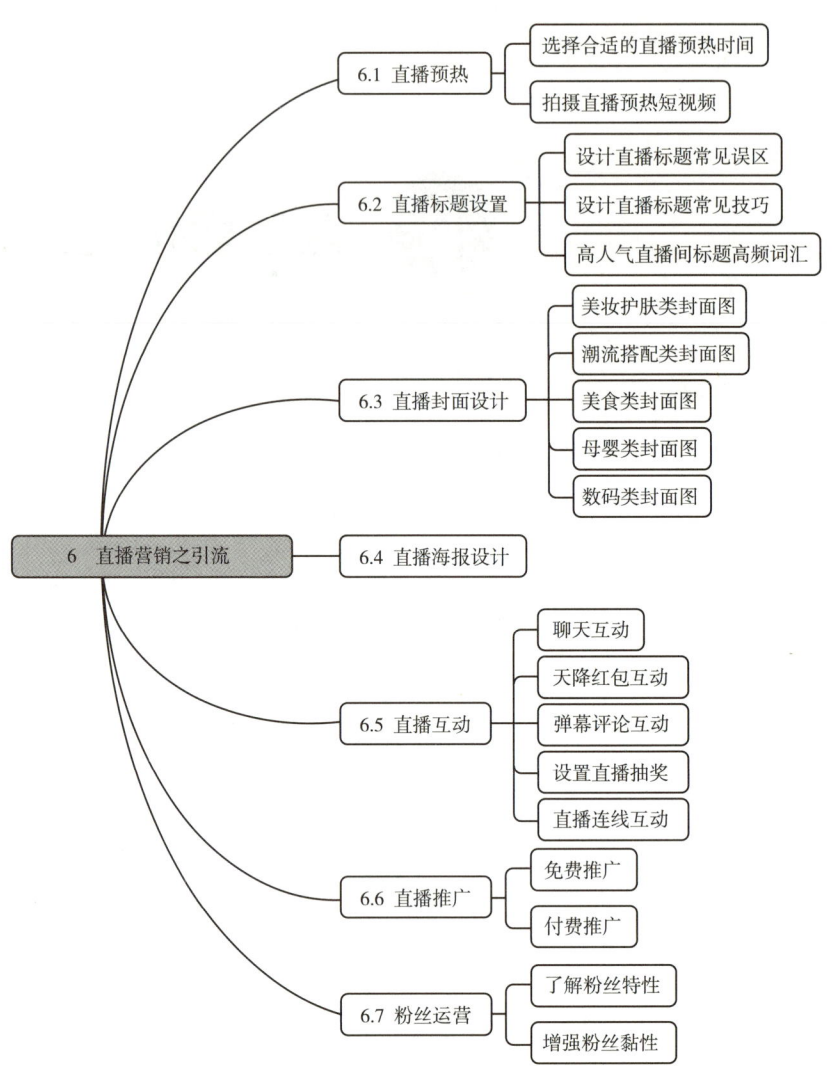

情境引入

学习并了解直播选品之后，小李有了新任务，为公司即将开展的直播进行引流。领导告诉小李，普通的直播间没有知名主播那么高的关注度，所以做好直播间的引流工作显得十分重要。那么，如何做好直播间的引流，才能吸引更多用户进入直播间呢？

直播带货的最终目的是销售商品，要想实现这个目的，首先要吸引用户进入直播间，将商品展示给他们，然后提升直播间的氛围，使用户在热烈的互动氛围中下单购买。本章将从做好直播预热、设计吸睛的直播标题和封面以及海报、直播互动、直播推广、粉丝运营几个方面，介绍直播间引流的方法。

6.1 直播预热

很多主播常常做了充足准备,想在直播中畅聊一番,却发现粉丝们根本不知道有直播。还有的主播时常感到疑惑,明明品牌在私域平台口碑很好,但一开播就热度寥寥。那是因为主播们遗漏掉了很重要的一步——直播预热。

直播预热

直播宣传也就是直播预热,其作用是扩大直播的声势,提前为直播引流。这就需要直播团队提前准备好宣传资料,为后续的直播引流工作做准备。直播预热做到位,才能为直播中的引流、互动、沉淀、转化打下基础。如果直播预热没做好,正式开播时观看的用户数量不多,直播的效果就会大打折扣。

> **思政小课堂**
>
> 设计直播预热活动,一定要合法合规。比如,直播标题不能过度夸大,不能出现"独家""销量冠军"等违禁词;直播封面图不能为了吸引用户而"挂羊头卖狗肉",欺骗消费者;撰写直播宣传文案时,还应避免使用敏感、低俗的信息。

6.1.1 选择合适的直播预热时间

发布直播预热的时间一般集中在工作日的 8:00—9:00、12:00—14:00、17:00—18:00、19:00—21:00 4 个时间段。这几个时间段是用户在上下班的途中或下班后的休息时间段,用户这时在信息投放平台上较为活跃,浏览信息的频次也较高。

直播预热与正式直播的间隔时间不宜太短,这样预热信息无法持续发酵;直播预热与正式直播的间隔时间也不宜太长,否则用户容易遗忘直播信息。

一般来说,主播筹备好直播封面、宣传海报、宣传文案、宣传短视频等宣传物料后,最好提前 3 天进行发布,直播当天提前 3 小时再次发布即可。这样当开播时,将会有更多的粉丝进入直播间。

> **知识链接**
>
> 发布直播预热的时间一般不要选择在休息日,尽量避开各类信息平台内容发布的高峰时期。

6.1.2 拍摄直播预热短视频

随着大量的碎片化信息传播工具的兴起,人们的互联网娱乐进入了"微时代"。人们沉迷于短频快的互联网娱乐方式,艺术的审美性也趋于碎片化。

短视频因其时长短、更新快的特点,符合人们信息接收碎片化这一习惯,因此主播为直播预热、吸引消费者进入直播间经常采用这一手段。由于短视频的制作门槛较低,很多简单的直播预热短视频,只需使用手机、支架、手机云台等设备,就能创作完成,如图 6-1 所示。

图 6-1 短视频拍摄现场

> **知识链接**
>
> 剪映 App 和快影 App 分别是抖音和快手推出的官方编辑视频剪辑工具。一般情况下,利用剪映 App 进行抖音短视频编辑,利用快影 App 进行快手短视频编辑。

直播预热短视频,一种是采用真人出镜直接进行直播预告(见图 6-2),通知用户直播时间、直播福利、直播内容等,另一种是先拍摄与平时风格相同的日常内容,然后公布直播信息(见图 6-3)。

图 6-2 真人出镜型直播预热

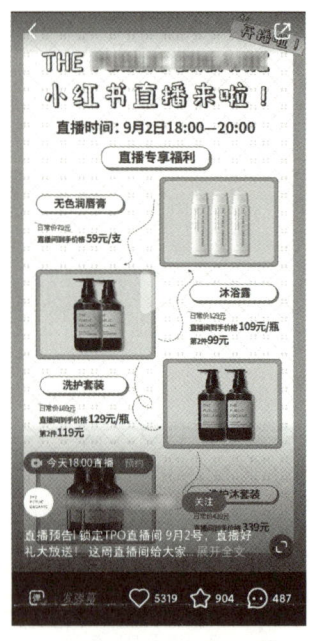

图 6-3 日常内容型直播预热

> **思政小课堂**
>
> 直播宣传短视频的内容应传播正能量，还应避免提及秒杀、折扣、福利、优惠价等营销信息，以免直播间被封禁。

一般而言，直播预告短视频时长宜在 30 秒内，视频太长不利于用户观看，且易产生疲倦感。接下来以剪映 App 为例，讲解如何剪辑直播预热短视频。

（1）打开剪映 App，点击页面上方的"开始创作"按钮，如图 6-4 所示。

（2）在打开的页面中选择拍摄好的短视频，点击"添加"按钮，导入拍摄好的视频，如图 6-5 所示。

（3）导入视频后，在页面下方的工具栏中点击"文字"按钮，如图 6-6 所示。

 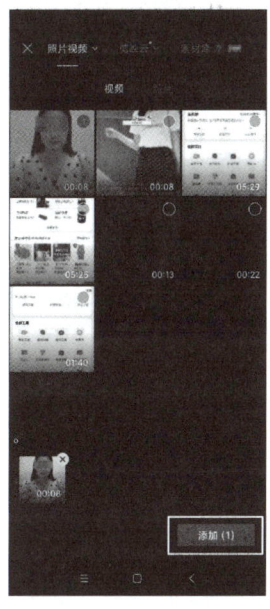 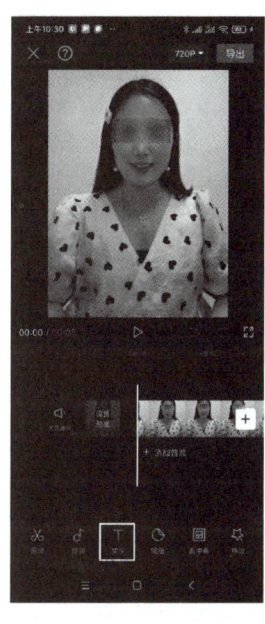

图 6-4　点击"开始创作"按钮　　　图 6-5　添加视频　　　图 6-6　点击"文字"按钮

（4）在打开的页面下方的工具栏中，点击"识别字幕"按钮，如图 6-7 所示。

（5）在打开的对话框中选中"仅视频"单选项，点击"开始匹配"按钮，如图 6-8 所示。

（6）此时软件将自动识别视频的语音，并转变为字幕。在编辑区选中第一个字幕条，向右滑动，视频预览区中显示出字幕，检查文字内容及标点符号是否正确，如果发现识别出的字幕有误，双击预览区的字幕文本框，即可修改错误的字幕内容，点击字幕栏右下角的 ，调整字幕至合适大小，如图 6-9 所示。

（7）选择视频预览区的字幕文本框，稍微垂直向下移动（其他字幕条也会同步移动）。点击下方工具栏中的"花字"按钮，如图 6-10 所示。

（8）在弹出的面板中点击"字体"选项卡，在字体列表中选择"萌趣体"选项，如图 6-11 所示，设置字幕字体。

直播营销与推广运营

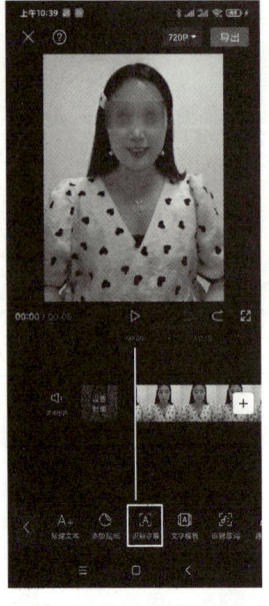

图6-7 点击"识别字幕"按钮

图6-8 识别字幕视频

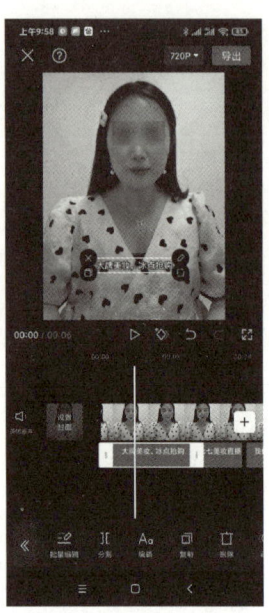

图6-9 显示字幕

（9）点击"样式"选项卡，选择第6个样式，为字幕应用该样式，点击 ✓ 按钮，确认应用，如图6-12所示。

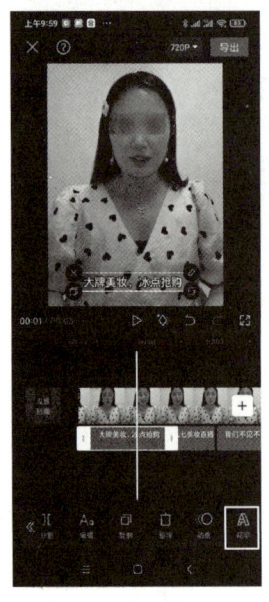

图6-10 点击"花字"按钮

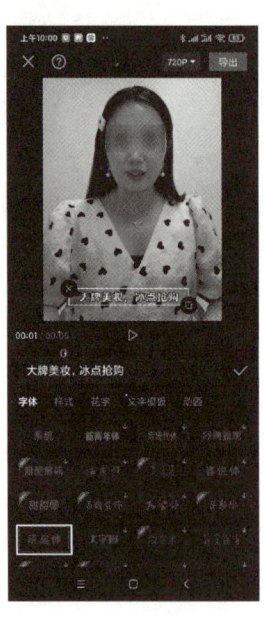

图6-11 设置字幕字体

图6-12 设置字幕样式

（10）返回页面，点击下方工具栏的"新建文本"按钮，如图6-13所示。

（11）在视频预览区新建文本框后，输入"6月6日晚8点"文本，点击 ✓ 按钮，如图6-14所示。

（12）在返回的页面下方的工具栏中点击"花字"按钮，如图6-15所示。

6 直播营销之引流　　**89**

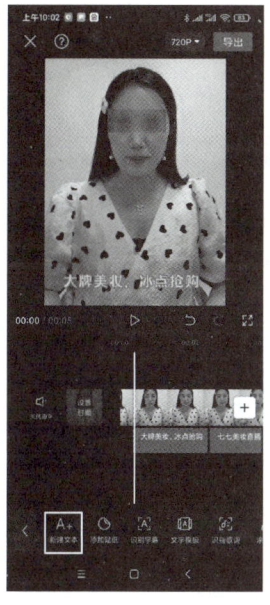
图6-13　新建文本

图6-14　输入文本

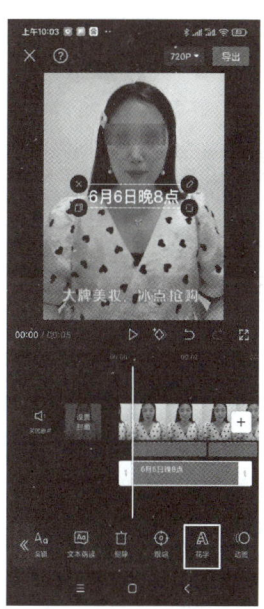
图6-15　点击"花字"按钮

（13）点击"文字模板"选项卡，在列表中选择一个合适的模板选项，为文本应用该模板，点击"样式"选项卡修改文字样式，点击 ✓ 按钮，确认应用文本设置，设置醒目的直播预告时间内容，如图6-16所示。

（14）视频预览区中拖动新建的文本框，调整文本在视频画面中的显示位置，然后在编辑区中移动文本，使其开始显示时间对齐最后一个字幕条的出现时间，如图6-17所示。

（15）点击下方工具栏中的 ˂ 按钮，如图6-18所示。

图6-16　设置文字模板样式

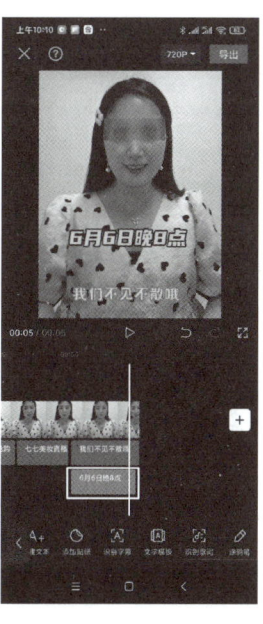
图6-17　调整文本位置

图6-18　点击"返回"按钮

(16) 在返回的页面中点击下方工具栏中的"音频"按钮,如图6-19所示。

(17) 在打开的工具栏中点击"音乐"按钮,如图6-20所示。

(18) 打开"添加音乐"页面,点击"旅行"选项,如图6-21所示。

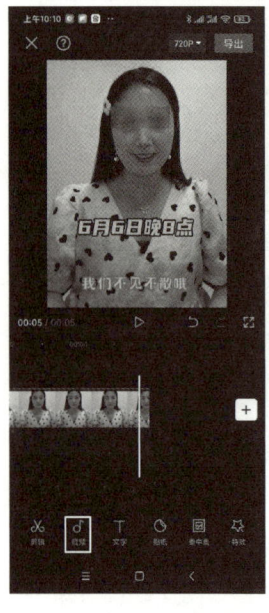
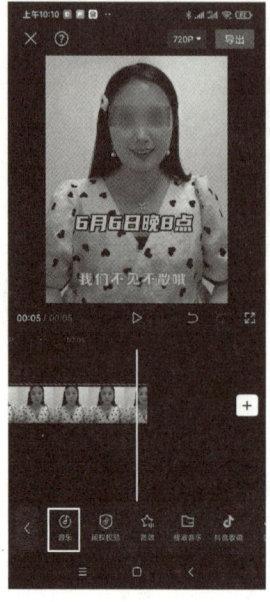

图6-19　点击"音频"按钮　　图6-20　点击"音乐"按钮　　图6-21　点击"旅行"音乐选项

(19) 在打开的页面选择要使用的音乐,点击"使用"按钮,如图6-22所示,添加的音乐会显示在片尾处,如图6-23所示。

(20) 选择添加的音乐,将其移动到视频开始播放的位置,如图6-24所示。

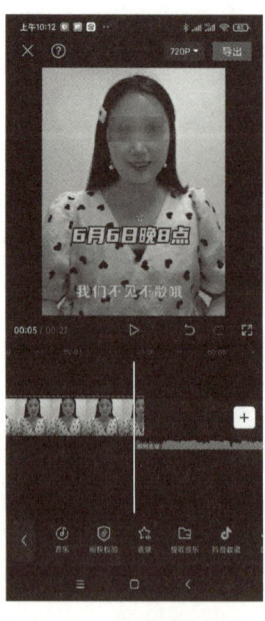

图6-22　点击"使用"按钮　　图6-23　添加音乐的效果　　图6-24　调整音乐播放位置

(21)滑动至视频末尾,点击下方工具栏的"分割"按钮,将音乐沿时间线进行分割,如图 6-25 所示。

(22)选择分割出的多余的音乐片段,点击"删除"按钮,如图 6-26 所示。

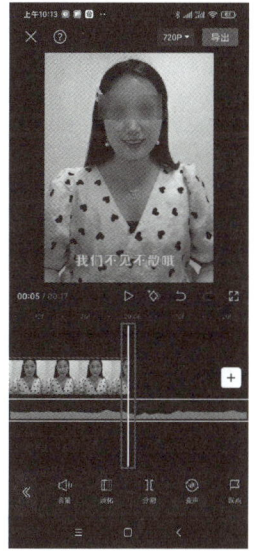

图 6-25 分割音乐

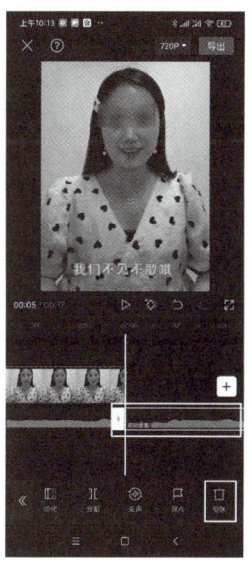

图 6-26 删除多余音乐片段

(23)点击"设置封面"按钮,为视频设置合适的封面,如图 6-27 所示。可以从视频画面中选择封面,并利用"封面模板"进行封面美化,如图 6-28 所示。

(24)点击 ▷ 按钮预览编辑后的短视频效果,确认后,点击右上角"导出"按钮,如图 6-29 所示,将视频导出至手机。

图 6-27 点击"设置封面"按钮

图 6-28 选择封面模板

图 6-29 导出视频

> **课堂实训**
>
> 2人一组,共同完成一段直播预热短视频的拍摄与剪辑,要求如下:
>
> (1) 使用抖音 App 拍摄短视频,1人上镜讲解直播预告内容"11月11日晚8点,超多大牌,冰点抢购,七七美妆直播间,我们不见不散哦。"拍摄完成后,将短视频保存在手机相册中。
>
> (2) 将短视频导入剪映 App,识别字幕并设置字幕的字体和样式,并配上合适的音乐。

6.2 直播标题设置

标题的核心作用有两点,一是给用户看,吸引用户点击和观看直播;二是给平台看,以获得平台更多的流量推荐。能让人眼前一亮的标题可以吸引更多用户观看直播,也更容易获得平台的推荐。现将网络主播常见的设计直播标题的误区盘点如表6-1、表6-2、表6-3所示。

直播标题设置

表6-1 设计直播标题常见误区

标题误区	错误标题举例
无法从标题中获取直播内容	1. 初来乍到多多关照 2. 音乐主播丨我要从南走到北
标题过于直白,无法吸引用户注意	1. 吉他弹唱 2. 一起去看看路边的小吃
标题信息过于丰富,不利于用户阅读	1. 老司机带你看草原情、中国梦、五洲缘,内蒙古大学首届文化节 2. 改善伙食,山村宝妈做糯米排骨、土豆烧牛肉和农家小炒肉
标题太过严肃,缺乏趣味性	1. 书迷福利,著名作家胡某做现场演讲 2. 聚焦田园乡村——2017第四届紫金奖建筑及环境设计大赛决赛

表6-2 设计直播标题常见技巧

策略	说明	示例
针对用户所需	在标题中注明用户在生活或工作中所遇到的烦恼和困难的解决方案,能够解决用户需求,引起他们的关注	1. 显瘦美衣上新 2. 灰指甲、脚气、甲沟炎专场
指明利益点	标题可以直接指明直播利益点,以此来吸引用户观看	1. 美衣即将售罄,一折起卖 2. 大牌女装,粉丝福利一折秒 3. 一手翡翠,一件也是批发价
激发用户好奇心	在标题中设置疑问,激发用户的好奇心,增加用户的点击欲望	1. 你用过很好用的防晒霜有哪些 2. 宝宝总是红屁股怎么办

续表

策略	说明	示例
通过热点引导	热点事件容易引起人们的广泛关注，如世界杯、奥运会、节日等。基于热点设计标题，可以通过大众对热点的关注，来引导用户观看直播	1. 开学季！新品特惠 2. 中秋送好礼，团购月饼打折
营造紧迫感	标题中添加"数量有限"等字样，以制造紧迫感、紧缺感，促进用户立刻采取行动	1. 奢品代购，数量有限、折扣不断 2. 断码热卖19.9元，手慢无 3. 今日福利大放送，手慢无
借助名人效应	名人是大众所关注的对象，很多广告都借助了名人效应。直播标题也可以借助名人效应，如名人同款、名人直播带货专场等	1. 时尚百搭，××同款 2. ××分享护肤心得

表6-3　　　　　　　　　　　　高人气直播间标题高频词汇

标题类型	标题举例
品质	正品、品质、定制、原装、大牌、品牌、国货、高端、高定、轻奢、专柜、国潮、潮流、精致、好货、好物、严选、精选、优选、臻选、心选、必备、必买、必入、新鲜、农家、土货、土家、特产、正宗、天然、现摘、现杀、现捕、海捕等
款式	爆款、新款、经典款、新品、上新、明星同款、新款多多等
价格	9.9包邮、9.9甩、低价漏、一折清、平价、特价、好价、低价、半价、专享价、专属价、批发价、地摊价、全场白菜价等
货源	一手货源、工厂直销、直供、工厂源头、厂家清货、厂家搬迁、厂家清库、货仓捡漏、清仓、清码、撤柜、甩货等
促销	秒杀、开秒、开抢、抽奖、抢免单、限时、豪礼、福利、来袭、疯抢、速来、狂欢、嗨翻天、特惠、巨惠、优惠、限量、超值、直降、全场大促、买一送一、专场、全场、王炸、回馈、宠粉、放漏等
应季	春季、夏季、秋季、冬季、换季、反季等
节点	父亲节、母亲节、七夕节、国庆节、端午节、中秋节、重阳节、春节等传统节日，双十一、双十二、六一八、书香节、开学季等人造节日

课堂实训

请你根据所学，结合直播间标题设计的常见误区和常见技巧，分别为一场服装类、美食类、数码类直播撰写2个直播标题，填至表6-4。

表 6-4

直播类型	直播标题
服装类	1.
	2.
美食类	1.
	2.
数码类	1.
	2.

思政小课堂

有些主播为了博取眼球，故意将标题体现出低俗暗示、暴力、赌博这些违背社会价值观的内容，官方如果发现将会严重整治，严重者将予以封号警告。网络主播作为公众人物，直播间的标题和直播的内容都应具有真实性，且符合主流社会价值观，杜绝用虚假的标题欺骗观众，这样不仅伤害观众的情感，更会使主播遭受质疑，起到适得其反的效果。

6.3 直播封面设计

直播封面是直播的"门面"，是决定用户是否会进入直播间的第一要素。因为现在是读图时代，图片天生比文字更具有冲击力，更能吸引人关注。用户打开直播软件，首先映入眼帘的不是主播，不是在卖的产品，甚至不是直播的标题，而是封面图。所以，封面图如果能在一秒钟内吸引用户的注意，就能够在众多直播间里脱颖而出，成功抓住用户眼球。

直播封面设计

然而，现在大多数主播都将重点放在直播的内容上，忽略其他环节对直播效果的影响。殊不知，直播封面就是其中一个最为简单，却又具有极其重要性的环节。直播封面图设计得当，轻而易举就能提升用户进店率，比费力去做预热推广引流的性价比高很多，也容易很多。

知识链接

直播封面图设计四个导向

（1）以痛点为导向。戳中用户痛点，最大化引起客户共鸣，吸引用户点击。

（2）以人群为导向。适用于小众品类的产品。

（3）以本人肖像为导向。达人直播使用较多，因为达人每天推出的产品不固定，所以封面图会用到达人本人的肖像。

（4）以产品为导向。使用较多，但所使用的范围比较有限。

直播间封面图和标题承载着直播间自然引流的重要责任，一个点击率高的封面图可以增加直播间的流量，反之就会减少。直播封面图片应清晰完整、构图美观，不同品类的直播封面图，也有不同的设计思路。

1. 美妆护肤类封面图

（1）可选主播人物照片搭配商品作为封面图。

（2）护肤/妆后相关的美照。

（3）需和直播标题涉及的护肤类型保持一致。

例如，标题为"拥有芭比娃娃的长睫毛就这么简单"，封面图可选重点突出眼部长睫毛的照片。

2. 潮流搭配类封面图

（1）可选主播人物照片搭配商品作为封面图。

（2）搭配后的美照。

（3）需和直播标题涉及的潮搭类型保持一致。

例如，标题为"手把手教你挑选属于自己的手镯"，封面图可用戴手镯的照片。

3. 美食类封面图

（1）主播或主播加美食照片均可。

（2）可突出产品（视频），色泽鲜明且有吸引力。

（3）需和直播标题涉及的美食类型保持一致。

例如，标题为"不出门也能吃火锅烤肉"，封面图可选用一定的场景图作为背景，突出要展示的商品。

4. 母婴类封面图

（1）选用主播或商品照片作为封面图。

（2）需和直播标题涉及的内容类型保持一致。

例如，标题为"婴儿车重磅来袭"，封面图可选用有婴儿车的照片。

5. 数码类封面图

（1）可选商品照片搭配相关场景作为封面图。

（2）需和直播标题涉及的数码类型保持一致。

例如，标题为"小霸王和您一起重温童年回忆"，封面图可选用 20 世纪 80 年代小朋友玩小霸王的怀旧照片。

> **知识链接**
>
> 一般情况下，电商平台的直播标题最好在 12 字及以内，相比之下，抖音和快手上的直播标题和封面的设计整体上更随意一些。抖音和快手上的直播标题最好在 8 字及以内，字数太多的直播标题可能无法完全显示，也不能展示出重点。直播封面图一定要清晰，不得含有低俗信息，且达人主播拥有一定的知名度后，直播封面图也应该固定使用一种风格或形式。

另外,进行封面图设计时也有诸多注意事项,如果不注意,可能精心设计的图片最终会毫无效果,甚至为直播带来负面影响。

(1)图片上不可出现如图 6-30 所示的文字信息,以免与标题重复。也不可出现小浮标、图案等,直播间浮窗除外。

图 6-30　直播封面图出现文字

(2)封面图不得出现如图 3-31 所示的拼接图和边框图。

图 6-31　直播封面图出现拼接

(3)封面图不得随意拉伸,以免人物变形,影响整体效果(见图 6-32)。

图 6-32　直播封面图变形

（4）封面图需撑满规定区域，不要使用留白边的图，影响图片整体效果（见图 6-33）。

图 6-33　直播封面图留白太多

（5）封面图产品不宜过多，无法突出直播重点（见图 6-34）。建议商品放 3～4 个即可，且不要铺满整个板块，背景可以选用具体场景。

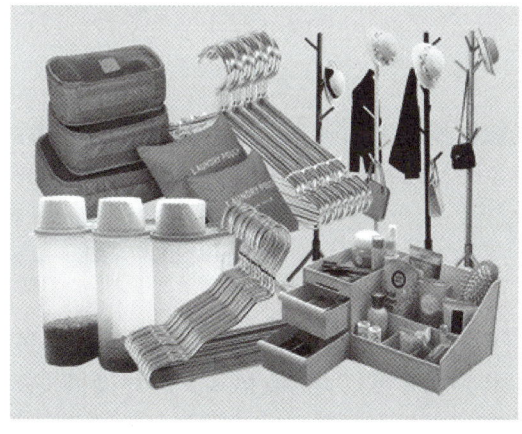

图 6-34　直播封面图产品多而杂乱

(6) 封面图需画面完整，主次清晰，不花里胡哨，不可有细碎物体，不能影响本身重要内容的呈现。图 6-35 所示为封面图主次不明，可以修改为让模特手拿商品。

图 6-35　直播封面图主次不明

(7) 封面图内如果有主播以外的人，需要有人物的授权。

(8) 封面图不能出现产品的 Logo，不能出现品牌代表性图案，也不能出现品牌的吉祥物等。

(9) 一般类目的商品不允许出现大面积黑色，珠宝类目除外。

> **知识链接**
>
> 　　常用的制作和美化封面图的工具有：Photoshop、创客贴、美图秀秀、Fotor 懒设计等。

> **课堂实训**
>
> 　　请你利用封面图美化工具，为一场美妆类直播设置 2~3 张具有吸引力的封面图。

6.4　直播海报设计

直播宣传海报是对直播宣传文案的辅助说明，意在突出直播的核心内容和要点。美图秀秀、创客贴、凡科快图、图怪兽等官方网站上有很多现成的海报模板，用户修改其中的内容，即可快速设计出好看的海报，操作起来简单方便，大大提升工作效率。接下来将以创客贴为例，演示如何在线制作美妆类直播宣传海报。

直播海报设计

(1) 进入创客贴官方网站，在上方的搜索栏输入"直播"二字，在搜索结果的"行业"栏中，选择"美容美发"，得到所有美妆类的直播相关图片模板，如图 6-36 所示。"颜色""风格""版式""价格"都可以根据具体需求进行选择，选取一张适合直播主题的海报模板即可。

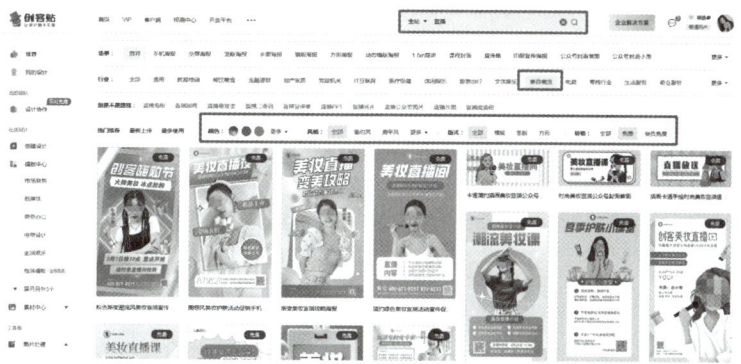

图 6-36 创客贴官网首页

（2）点击进入编辑页面，选中人物素材，点击"换图"按钮，如图 6-37 所示，选中准备好的本场直播的主播图片，如图 6-38 所示，点击即可完成替换。

 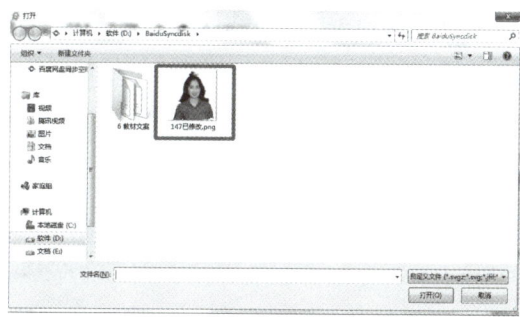

图 6-37 选择换图　　　　　　　　　　图 6-38 选择替换的图片

（3）在换图后的海报上，点击时间、地点、电话、二维码等信息，修改成本场直播的内容，如图 6-39 所示。

图 6-39 编辑修改直播信息

（4）点击右上角"下载"按钮，如图 6-40 所示，选择需要下载的"文件类型"以及尺寸，如图 6-41 所示。

图 6-40 选择下载

图 6-41 选择下载文件的信息

（5）在弹出来的页面中，点击"名称"按钮，即可修改下载文件的名称；点击"浏览"按钮，设置下载文件需要保存的路径，如图 6-42 所示。

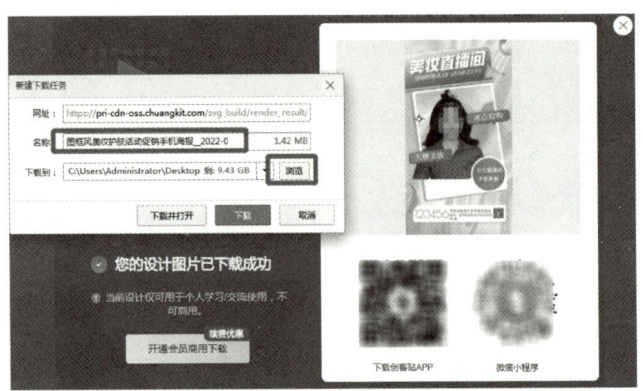

图 6-42 修改下载文件的名称和保存路径

知识链接

一般来说，各类网站的免费功能已经足够。当然，要想设计出更高标准、更专业、更精美的海报，可能需要付费开通部分功能。另外，在线设计图片时要养成随时保存的好习惯，避免因断网或电脑死机等问题导致设计的图片丢失。

课堂实训

请你为美妆类直播设计 2 张富有吸引力的直播宣传海报。

6.5 直播互动

> **思政小课堂**
>
> 直播电商行业相关从业人员的一切行为，都必须遵守直播电商平台的规则和相关法律法规。同时，主播也应该谨言慎行，注重自身形象，培养文明互动、理性表达的良好习惯。

如果想在直播间有效拉近与观众的距离感，那么在直播间营造一种轻松、欢快的氛围，就显得尤为重要。因此需要尽可能多地挖掘直播间的互动玩法，持续抢占观众的注意力。直播间的互动玩法有很多，聊天互动、派发红包、弹幕评论互动、直播连线互动等，如图6-43所示。

直播互动

图 6-43　直播间互动

6.5.1　聊天互动

聊天互动是一种拉近人与人关系的方式，会给人一种亲近感，可以有效调动直播间的氛围，因此是直播间互动玩法中最常见的一种。但是万一互动得不好，就容易起反作用，而且只用聊天互动的话，未免有些无聊，所以需要结合其他的互动玩法一起使用。

6.5.2　天降红包互动

在直播间发红包的话，无论金额大小，只要有红包就能引起人们的注意。红包是活跃气氛的一大利器，能让观众体验到"独乐乐不如众乐乐"的快感，直播间氛围也能因此调动起来。

派发红包的步骤和策略如表6-5和表6-6所示。

表6-5　　派发红包的步骤

派发红包步骤	具体做法
约定时间	提前告诉用户，5分钟或10分钟以后准时派发红包，并引导用户邀请朋友进入直播间抢红包，这样不仅可以活跃气氛，还会提升直播间的流量
站外平台抢红包	除了在直播平台上发红包以外，主播还可以在支付宝、微信群、微博等平台上向用户派发红包，并提前告知用户，条件是加入粉丝群。这一步是为了向站外平台"引流"，便于直播结束之后的效果发酵
派发红包	到达约定的时间后，主播或助理就要在平台上发红包。为了营造热闹的氛围，主播最好在发红包之前进行倒计时，让用户产生紧张感

表6-6　　派发红包的策略

红包的使用限制	说明
使用条件	红包必须满足一定条件才能使用，如"满99元可使用"
使用期限	红包必须在限定的时间内使用才能获得购买优惠

> **课堂讨论**
>
> 观看一场知名主播的"带货"直播，看一看主播是如何在直播间派发红包的。

6.5.3　弹幕评论互动

弹幕，中文流行词语，是指在网络上观看视频时弹出的评论性字幕。

弹幕的表现形式多样，大小、颜色、位置、呈现交互等维度可组成多种变化；这些不同维度的表现，在直播情境下，也作为一种权益赋予用户。在直播间中，弹幕可简单分为以下4类：

1. 垃圾弹幕

垃圾弹幕是某些人利用脚本制造的弹幕、工会宣传弹幕等，对整个直播间毫无益处，甚至是负影响。

2. 助兴弹幕

助兴弹幕包括进场及送礼弹幕，比如"666""111"等。发送成本低，信息熵也低，常见于直播间内容质量上升时，往往因为从众效应而发出，有助兴效果。

3. 交流弹幕

交流弹幕发送成本中等，信息熵波动大，能够帮助主播制造话题，活跃直播间。

4. 优质弹幕

优质弹幕往往结合主播与情境，由某个用户灵光一闪发出。这些弹幕结合当时直播情境，能够极大活跃直播间，带动直播间其他用户共同发弹幕，甚至对主播有一定传播效果，信息熵较高。

弹幕互动是直播间最基础的互动方式,是评论的另一种表现形式。这一互动方式,不仅可以用常规的提问玩法,还可以用抽奖、评论上墙等方式激活直播气氛,激活社交黏性,如图6-44所示。

6.5.4 设置直播抽奖

直播抽奖设置的4种形式:签到抽奖、秒杀抽奖、点赞抽奖、答题抽奖。

当下直播行业竞争激烈,因此,在多数情况下,主播需要借助一些福利活动来吸引粉丝,促成转化(见图6-45)。最常见的便是通过直播抽奖,这一互动方式既是直播间引流的标配,也是提高用户停留时长的利器。

图6-44 直播间弹幕互动　　　　　　图6-45 直播抽奖

一般来说,抽奖需要遵循三大原则:

(1)奖品最好是在直播间里推荐过的商品,可以是爆品,也可以是新品。

(2)抽奖不能集中抽完,要将抽奖环节分散在直播中的各个环节。

(3)主播要尽量通过点赞数或弹幕数把握直播的抽奖节奏。

直播抽奖的常见误区如表6-7所示。

表6-7　　　　　　　　　　　　直播抽奖常见误区

直播抽奖常见误区	正确做法
无明显告知,用户在进入直播间时无法在第一时间知道抽奖信息	通过口播、小喇叭公告、小黑板等多种组合方式说明抽奖规则和参与方法

续表

直播抽奖常见误区	正确做法
无规则、随意抽奖	明确抽奖的参与方式,以点赞量达到某个标准为规则开始抽奖,避免整点抽奖
抽奖环节无任何互动	主播提醒用户刷指定的弹幕和评论,以活跃直播间的氛围,然后启动后台抽奖界面,提醒用户关注主播,提高中奖概率
抽奖只有一次,缺乏节奏	抽奖要有节奏,抽奖一次以后,需要先公布中奖用户,并告知下一次抽奖的条件,以延长直播时长,增加粉丝量

> **课堂讨论**
>
> 观看一场知名主播的带货直播,看一看主播是如何在直播间送福利的。

6.5.5 直播连线互动

众所周知,连麦是直播互动的有效技巧之一。直播连线互动包括与其他主播连麦、邀请名人进直播间两种方式,能在一定程度上为主播带来人气。

很多主播一开始找不到连麦的对象,那是因为总想找比自己强的主播达人。其实最开始直播连线时,可以留意与自身等级差别不大的主播,与他们真诚交流,慢慢地就会拥有数位连麦好友,再依托自身的优质内容,后期也就更容易与主播达人连麦,如图6-46所示。

图 6-46 直播连线互动

> **课堂讨论**
>
> 观看一场知名主播的"连线"直播,看一看主播是如何在直播间进行合作互动的。

6.6 直播推广

有效进行直播推广可以为直播提供好的开端，推广的用户最好是来自私域的忠实用户。一方面，他们会邀请有相似兴趣的圈层用户；另一方面，他们更注重维护主播的口碑。

直播推广

直播推广（见图6-47）包括免费推广和付费推广两方面。免费推广的意义在于不需要直接支付费用，但是需要相应的配合与维护。付费推广，就是花钱投放广告。这种广告可以圈选具有潜在高消费用户进行定位。

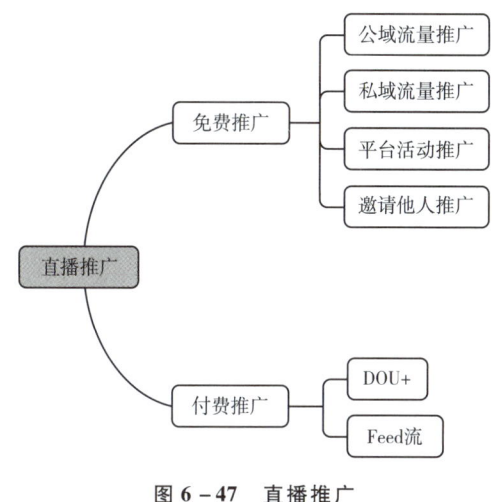

图6-47 直播推广

6.6.1 免费推广

免费推广包含了公域流量推广和私域流量推广两方面。主播要想进行直播推广，可以兵分公私域两路，从不同渠道引流，既有热度，也有黏性，才能让直播旺起来。

1. 公域流量推广

公域流量是指商家以付费或者活动等方式，想方设法满足平台规则而获取的流量，比如京东、拼多多等。公域流量重在高度活跃的平台氛围，挖掘新的目标用户群体。

（1）微博。微博属于公域平台，一般在微博上发布内容简短的直播推广内容（见图6-48），直播前，主播可以将直播主题、商品卖点、直播福利等信息简单罗列，分享到微博上。对于主播而言，微博上的每一个活跃粉丝都可能是直播信息的传播者和直播营销的潜在对象。

（2）微信公众号。主播可以创建微信公众号，然后在微信公众号中发布直播推广信息（见图6-49）。微信公众号适合发布长文案，包括硬广告和软文，主播可以根据该场直播的主题，配以相应的图文介绍，引导用户了解直播内容。当然，也可以寻求其他主播的支持，寻找关系不错且用户画像一致的主播，联合他们在公众号推广直播。

图 6-48 某主播发布的直播推广内容　　图 6-49 某微信公众号上发布的直播推广

2. 私域流量推广

私域流量是指不用付费，可以在任意时间，任意频次，直接触达用户的渠道，比如自媒体、用户群、微信号等，也就是 KOC（关键意见消费者）可辐射到的圈层。私域流量看重社交属性传播。

（1）朋友圈。直播预告可以用图文、海报、视频动态等形式，转发到朋友圈，号召私域用户进行直播预告，打好冷启动基础。需要注意的是，文案直接说明直播对用户的价值，更具吸引力，且不宜频繁发布硬广告，应时常分享优质的内容，才能吸引好友的持续关注。

（2）社群。社群推广对增加粉丝数量效果不错。因此很多主播会建立自己的专属社群来聚拢粉丝，增强粉丝黏性，提高粉丝的活跃度和忠诚度。在直播前，主播可将直播预告信息推广至社群，通过红包、预约有福利等玩法，激发社群用户的热情。

（3）企业微信。主播可以利用企业微信的标签功能，选择目标用户来进行直播的推广预告，特别注意的是，预告信息需要结合用户的需求，告诉用户本场直播的亮点。

3. 平台活动推广

（1）抖音直播活动。

①进入商品橱窗。进入抖音 App 主界面，点击右下角的"我"按钮，在打开的设置面板中选择"创作者服务中心"选项，如图 6-50 所示。进入创作者服务中心后，点击"商品橱窗"按钮，如图 6-51 所示。

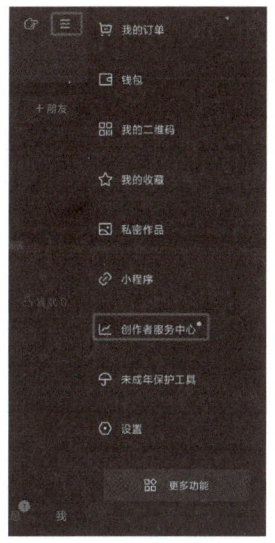

图6-50　选择"创作者服务中心"选项　　图6-51　点击"商品橱窗"按钮

②查看活动。打开"商品橱窗"页面,在"常用服务"栏中点击"达人活动"按钮,如图6-52所示。打开"达人活动"页面,查看并参加需要的活动即可,如图6-53所示。

图6-52　点击"达人活动"按钮　　图6-53　查看活动选项

(2) 快手直播活动。进入快手App主界面后,点击左上角的"≡"按钮,在打开的面板中选择"热门活动"选项,如图6-54所示。在打开的页面中点击"活动中心"选项,在打开的页面中可查看有无适合自己的平台活动,如图6-55所示。

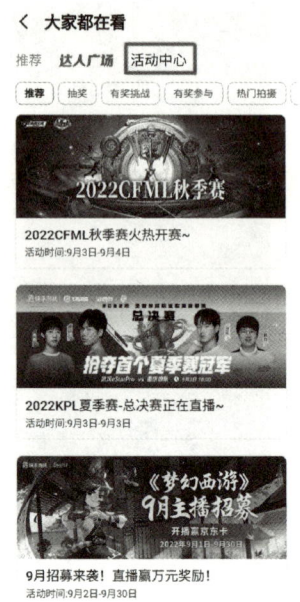

图 6-54　选择"热门活动"选项　　图 6-55　点击"活动中心"选项

4. 邀请他人推广

某些直播平台（如视频号）有邀请他人推广的功能，主播可以设置阶梯奖励，邀请他人参与推广直播预告，产生裂变。

> **课堂讨论**
>
> 　　除了上面介绍的几种推广方式，主播还可以通过哪些渠道、在哪些平台发布直播推广信息，以扩大直播的影响力，提升直播间的人气？

6.6.2　付费推广

大多数直播平台都有付费推广功能。直播间的付费推广，可以控制时间投放，即直播中止，投放会同步停止，重新开启时，计划状态在可投的情况下，可继续投放，无须手动开启暂停。下面以抖音为例，讲解该平台的主流付费推广方式。

1. DOU+

DOU+是抖音内容营销和广告推广的工具，可以提高视频播放和直播时的热度。它是一个实用的工具，可以高效提升视频播放量与互动量，提升内容的曝光效果，助力抖音用户的多样化需求。

DOU+的投放门槛很低，只要是抖音的注册用户，最低花费100元就可以投放DOU+，它具有以下优势。

（1）操作便捷：App端可直接操作使用，广告商可以直接在抖音应用程序中下订单，无须安排时间表,可根据实际情况充值,无须预充值。

(2) 互动性强:多触点交互,强力聚粉效果清晰可见。广告商可以实时获取广告数据,并在交付过程中实时看到 DOU+的数据情况,便于决定是否增加投放。

(3) 流量优质:基于抖音平台优质用户流量,强力增加热度。可以进行科学的数据分析,可以根据发布后的数据进一步分析,明确发布结果。

投放 DOU+时,既可以选择在开播前预热投放,即短视频预热,也可以在直播过程中根据实时数据选择定向投放,即直接"加热"直播间。

短视频预热是通过短视频的曝光来带动直播间的人数,多了一层转化。例如,主播在直播前发布一条直播预热视频,然后对预热视频投放 DOU+。很多人看到预热视频,其中有一部分会点进直播间,这样就完成了引流目的。

直接"加热"直播间的优势在于用户进入直播间以后无法进行上滑操作,只能点击"关闭"按钮才能返回推荐页面,这就提升了用户的留存率。直播 DOU+主要是提升用户进入直播间后的互动数据,包括给用户"种草"、用户互动、直播间"涨粉"、直播间人气等,其中给用户"种草"这一维度只出现在带货直播中。

要想优化直播 DOU+的投放效果,主播也要在以下 4 个方面下功夫。

(1) 给用户"种草":设计"宠粉"商品、"爆款"商品,引导用户点击购买。

(2) 用户互动:多提问,引导用户互动,如"在屏幕上扣1"。

(3) 直播间"涨粉":发红包吸引关注、话术引导、设计"宠粉"商品。

(4) 直播间人气:优化直播间的布置,开启连麦进行多人互动,增加用户的停留时长。

在互联网时代,好的内容是基本的,但一个好的推广工具也可以帮助广告商推广,事半功倍。要想通过 DOU+推广快速曝光作品,实现引流吸粉,还需要根据自己作品的类型和受众定位,在 DOU+选择目标和受众,锁定推广目标,勾勒推广受众肖像,以达到更好的推广效果。

2. Feed 流

抖音 Feed 流就是抖音信息流,是抖音推出的"直播间付费推广工具",是基于巨量引擎的广告投放体系,针对带货账号直播间引入垂直流量的一种直播间推广模式。

Feed 流是帮助商家提升直播间流量获取和转化能力的一种商业玩法。因此,个人主播是不能投放 Feed 流的,投放 Feed 流的主体仅限企业或个体工商户。如果个人主播想投放这种广告,可以与有资格的广告商的开户账户绑定,但直播中所推商品也必须属于该小店。

传统信息投放一般通过优化素材来提高转化率,然后增加投放预算,但在 Feed 流投放中,落地页直接就是直播间,所有的二级转化目标都要在直播间完成。这对直播间环境、主播能力、引导转化的话术有较高的要求。因此,主播在投放 Feed 流之前应当先提升自己的直播能力。

Feed 流采用的是广告竞价投放模式,投资回报率是最核心的考核目标,直播间环境和主播能力是最重要的条件。除了需要具备能稳定进行转化的重要条件之外,投放 Feed 流还需要有充足的预算和最起码的信息流相关产品的操盘能力。

Feed 流直接准入行业:汽车、物流、生鲜食品、家具建材、旅游。

Feed 流需要报备行业:3C 数码、日用快消、宠物用品、服装配饰、食品饮料、美妆个护、钟表、箱包眼镜、中介服务等。

目前,Feed 流在 3C 数码、日用快消、服装配饰、美妆个护、旅游行业的投放效果最显著，适合直播带货的产品都可以尝试。

抖音 Feed 流的广告形式如表 6-8 所示。

表 6-8　　抖音 Feed 流的两种广告形式

分类	展示逻辑	用户路径	适用于	区别
短视频引流直播间	Feed 信息流页面播放视频素材（头像带呼吸灯）	当用户在信息流里刷到原生信息流广告，且账号正在直播： 1. 点击头像/组件→原生直播间 2. 左滑/点击昵称→抖音号主页→点击主页内头像（带呼吸灯）→原生直播间	适用于有很好的视频素材的广告主，能够最大化地引流到精准用户，提高转化率	更依赖素材，对视频的质量要求较高
Feed 流直投直播间	原生直播间内的实时内容在 Feed 信息流中作为创意内容直接展示	当用户在信息流里刷到直播间： 1. 点击屏幕（非昵称）→原生直播间 2. 左滑/点击昵称→抖音号主页→点击主页内头像（带呼吸灯）→原生直播间	适用于 UV（平均每个进店的客人产生的价值）价值较高的主播，商家可根据流量的大小以及用户反馈实时调整数据内容，提高转化率	不过于依赖素材，不用准备太多短视频内容，对直播间的人、货、场要求较高

> **知识链接**
>
> Feed 流的五大特点：
> （1）直播实时画面前置至推荐流，缩短观看路径，最大限度引流直播间；
> （2）推荐流展示品牌直播内容，激发粉丝参与兴趣为品牌账号增粉；
> （3）支持以保量方式定向人群，灵活买量，支持超成本赔付；
> （4）支持管家投放，既为自动化投放系统，系统自动创建计划组，也结合大盘数据表现进行广告计划的创建及调整，从而获得较高的转化；
> （5）改变固有模式，无须主播拥有大量粉丝，只要主播销售能力强也能达到很好的出货量。

DOU+、鲁班、Feed、Feedslive 的区别如表 6-9 所示。

表 6-9　　DOU+、鲁班、Feed、Feedslive 的区别

名称	区别	相同点
DOU+	视频、直播间都可投放推广，条件选择少，流量较为广泛且成本较贵，对上架商品的视频审核较严，适合个人玩家，对初期涨粉增加流量比较有帮助	都是信息流广告的一种，属于付费流量
鲁班	通过推广视频或落地页对产品推广，适合大厂或商家新品发布适用	
Feed	主要针对直播间的推广和转化，可以提升直播间的观看停留、成单等，可以建立精准的定向人群包，流量精准，转化成本低，性价比较高，但对人、货、场有较高的要求	
Feedslive	可以保证展示量，需要提前锁量，但无法人为控制成本，适合明星、大主播、大品牌	

对于不同的行业产品，投放的初期都会有测试成本。所以，不论是 DOU+ 还是 Feed 流，究其根本都是付费流量的玩法，都需要投入相应的成本试错，建立适合自己的运营模式，才能收获好的产出比。

> **课堂讨论**
>
> 假如你要在抖音平台付费推广一场直播,你会选择哪种推广方式?为什么?

6.7 粉丝运营

主播的终极目标并非通过直播吸引用户关注,而是通过直播实现转化,提升商品购买率。因此,粉丝数量的增加会直接影响直播的效果。要想保持良好的运营效果,就必须做好粉丝运营,保持粉丝黏性,让粉丝有理由持续关注主播及其直播间。

粉丝运营

这就需要主播培养一批忠诚的粉丝,为直播间的长久转化贡献力量。这种转化,可能是直接的转化,也可能是利用口碑效应影响身边人的购买决策,或者是直接地参与到直播间氛围的维护中,让新进入直播间的粉丝能够感觉到直播间的"勃勃生机"。

6.7.1 了解粉丝特性

主播需要了解不同类型的粉丝心理,采用清晰的粉丝分层策略,针对不同的粉丝层级,设置相应的门槛和利益点,这样就能有效引导粉丝在直播间贡献点赞、观看、评论以及下单。在提升粉丝黏性的同时,提升直播间的权重,获得更多的浮现权以及流量的倾斜。

(1)新手粉。区别于传统电商,直播电商平台的新手粉可能是习惯于在熟悉的电商平台购物的一类人群,所以对直播电商缺乏应有的认知和足够的信赖感。

针对这类粉丝,首先,主播需要展示出自己专业的业务能力,这也是让新手粉快速认可主播最有效的方法之一。强大的气场及谈吐、认真的态度、专业的知识储备都能够加深新手粉对主播的信任度。

其次,主播需要与粉丝高频互动。人都希望自己被别人看到,主播积极与粉丝互动,满足粉丝内在的心理需求,让粉丝感到被注重被记得。这些小细节都是维系和稳固关系的黏合剂。对提升粉丝对主播的信任大有裨益。

最后,主播需要适当引导新手粉丝进行消费。因为这类粉丝的消费欲望一般不够强烈,所以主播要利用话术来告诉粉丝购买商品能带来的利益,或者利用优惠的手段,让粉丝获得实实在在的实惠。

(2)普通粉。普通粉没有下单的原因可能有多种,比如不了解主播、不喜欢直播商品或者在其他平台消费太多等。

针对这类粉丝,主播首先也需要确保直播间 SKU 的丰富度,这样才能提高粉丝看到喜欢产品的概率,进而产生购买行为。

> **名词解释**
>
> SKU,全称为 Stock Keeping Unit(库存量单位)。在电商中,SKU 是指一款商品,每款都有一个 SKU,便于识别商品。一款商品如果有很多色,那么就有多个 SKU,例如,一件衣服,有红色、白色、蓝色,则 SKU 编码也不相同,如果相同则会出现混淆,发错货。

其次，主播需要对这类粉丝多多关注。用饱满的情绪、专业的业务能力介绍产品，耐心引导粉丝，积极回答粉丝提问，快速让粉丝知道哪款产品适合自己，从而决定是否需要下单。

最后，主播可以为粉丝准备专属福利来表达自己的诚意，促使粉丝下单，福利包括优惠券、满减红包、赠送商品等。

（3）死忠粉。死忠粉对主播已经产生了信赖和认可，通过大量的购买行为和长期在线互动，已经让他们对主播拥有一个稳定且习惯的购物环境和购物预期。

针对这类粉丝，首先，主播需要确保直播间 SKU 的丰富度，避免粉丝因经常看到重复的商品，而丧失对主播的关注度。

其次，主播要确保产品在价格和质量方面存在明显优势，这是引导粉丝下单最根本的因素。如果粉丝购买的产品价格不够优惠，或者出现质量问题，他们也就失去了继续关注主播的动力。

> **课堂讨论**
>
> 假如你在直播中收获了比较高的人气，并将很多用户转化成了粉丝，接下来你要如何留住这些粉丝？

6.7.2 增强粉丝黏性

粉丝黏性是粉丝活跃度的内核升级，体现了主播和直播间的品牌价值，是粉丝与主播和直播间的情感连接，也是粉丝对主播和直播间忠诚度的体现。主播要想增强粉丝黏性，可以从以下几方面着手。

（1）建立粉丝资源库。能够把粉丝留在直播间是第一步，依靠的是直播的内容、主播的技术，以及主播身上的光环能否满足粉丝的需求。那么，接下来便是要让粉丝对主播产生黏性，除了以上根本的一些要素，主播线下对社群的维护也必不可少。

社群的维护更容易拉近粉丝和主播的感情，所以，主播在起步阶段，一定要有一个粉丝资源库，将来的粉丝中坚力量或许都会从这个资源库里诞生，如图 6-56 和图 6-57 所示。

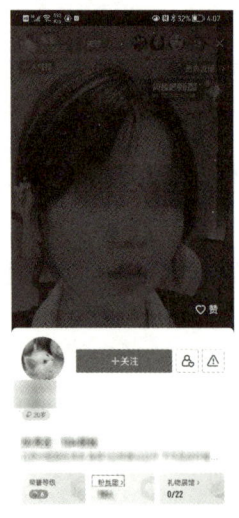

图 6-56 "加入粉丝团"图形标志

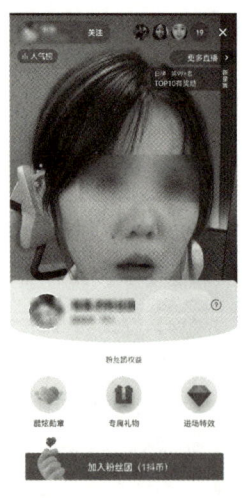

图 6-57 支付抖币加入粉丝团

（2）有效互动。无论是在直播中还是直播后，互动都十分重要。真实的互动是一种良性的相互信任。在直播中，主播和用户进行互动，是为了让他们的停留时间更久一点，从而提高转化率。而直播后，主播通过互动，将用户引导至自己的私域流量池当中，在私域流量池中，主播依然要和粉丝们进行互动。

直播中，主播可以在直播间中发起红包、抽奖等粉丝活动，增强用户的参与感，降低流失率。直播后，在私域流量池中，主播可以发起有意思的话题来引起粉丝的共鸣，或者举办不定期的线上线下活动，形成自己的活动特色，为品牌推广赋能。

（3）持续输出优质内容。吸引粉丝的前提是直播要能够持续性地输出对粉丝有价值且优质的内容。在直播中，用户被吸引的点可能是主播本身，也有可能是内容，但保证用户继续停留在直播间的动力是优质的内容。

不仅是直播中，直播后也不例外，毕竟谁也不喜欢别人在自己的朋友圈或者群聊中一味刷屏卖东西，也可以用优质且对粉丝有用的信息来代替"微商式"刷屏，不过这些内容需要从定向用户的需求出发，不然很容易弄巧成拙。

（4）打造个人IP。近年来，通过直播成长起来的网络红人越来越多，即使不看直播，也一定听说过"Oh, my god!"这句网络热词，熟悉的人都知道，这是李某某的经典口头禅。像这种网络红人已经有了很高的辨识度，让观众形成了稳定的记忆点，同时几乎没有人能复制他们的这些特点。这就是打造个人IP的优势与重要性。

> **名词解释**
>
> IP原本是英文"Intellectual Property"的缩写，直译为"知识产权"，在互联网领域有所引申。
>
> 在互联网领域中，IP自带流量，是以具象化形象为载体的感情寄托。真正的IP是可识别的形象，具有一定规模的粉丝基础和粉丝黏性，并且可持续可变现。

一般情况下，被市场所认可的IP是可以和观众之间建立一定的信用度，并且可以实现更深层次的情感交流，并且观众的这种需求一直客观存在着。随着生活条件的提高，观众的某些基本需求被满足，某些特定需求就有了更大的选择权，如情感需求、社交需求等。因此，主播应该站在观众的角度上，满足其一定的特定需求，从而获得一个特定的人格IP。这种人格可以通过4个方面来进行打造。

（1）语言风格：声音需要体现出与众不同。

（2）肢体风格：身体动作要具有独特个性，体现出专属性格。

（3）标志性：作品中要出现辨识度高的语言或动作或其他，可以特意设计一套自然不做作的东西，不经意间多次重复，加深观众的印象。

（4）人设名字：朗朗上口的名称是加分项，主播的名称可以融入一些职业、行业、特点以及性格爱好等元素。

以上四点都是通过外在的设计与打造，满足观众的外在需求。另外，主播还需要表现出一些内在的价值观，满足观众的内在需求。

主播的外在表现都必须有价值观做支撑。主播发布的作品表达了什么情感或何种现象？

能否引起观众内心的共鸣？这些都很重要。因为现代人物质条件得到满足后，往往会表现出对精神层面互相认同的追求。

比如，某知名抖音博主经常通过生活中常见的各种小故事，来深度解析各类情感，或爱情，或亲情，或其他。因此，主播在打造人格化 IP 之前，要先把自己的内在的元素稳定下来，并在实际的运营中不断调整，才能成功打造出一个具有特色的个人 IP。

打造优质的 IP 需要长时间的积累，是一个需要长期坚持的过程，一般可以分为塑造期、成型期、深入期 3 个阶段。

（1）塑造期：发布的作品尽可能地体现人设和特征，经过一段时间的运营，观众会知道主播的人设，主播也收获了自身的专属标签。

（2）成型期：继续强化人设主题，围绕着人设去设计内容，在这个阶段，主播可以不断尝试往其他方面进行延伸发展。

（3）深入期：需要体现出作品的多元化，不断地给观众新鲜感，实现人格化针对性更强，作品更加垂直。

粉丝能否成为最忠实的观众，关键是看他们喜不喜爱主播这个人。所以，对主播来说最重要的还是人格魅力。互联网时代信息和常识的更新换代很快，主播们不能停留在原地，直播间的风格、技能、才艺不能一成不变。要想跟上粉丝挑剔的口味，就得不断学习，移风易俗，生产有构思的内容，扩大知识储备，增加自己的修养和见识。没有粉丝会拒绝一个经过自己的不懈努力，不断创造出新鲜感的主播，努力和进步的主播总是让粉丝有认同感和归属感，这样的粉丝忠诚度是极高的。

思政小课堂

现在的主播圈乱象横生，主播人设和真实的个人形象不符的现象比比皆是，甚至有的主播为了赚取流量，无底线地打造虚假人设，最终落得被平台封禁、被用户抛弃的下场。因此，主播打造人设，首先应该具有真实性。同时，主播也要加强自身素养的提升，建立独特的个人风格，打造出独树一帜的人设。

课堂实训

加入一名主播的粉丝团，观察其是如何进行用户黏性提升的。

实战演练

一、单项选择题

1. 美图秀秀、创客贴、凡科快图、图怪兽等都属于（　　）制作网站。
   A. 视频　　　　　　B. 音频　　　　　　C. GIF　　　　　　D. 图片

2. 下列不属于发布直播预热时间段的是（　　）。
   A. 8：00—9：00　　B. 17：00—18：00　　C. 19：00—21：00　　D. 0：00—3：00

3. 快影 App 是（　　）推出的官方编辑视频剪辑工具。
　A. 抖音　　　　　　B. 快手　　　　　　C. 拼多多　　　　　D. 小红书
4. 在网络上观看视频时弹出的评论性字幕叫（　　）。
　A. 弹幕　　　　　　B. 话题　　　　　　C. 发言　　　　　　D. 回复
5. 与其他主播连麦、邀请名人进直播间的互动方式叫（　　）。
　A. 聊天互动　　　　B. 派发红包　　　　C. 弹幕评论互动　　D. 直播连线互动

二、多项选择题

1. 下列属于付费推广的是（　　）。
　A. DOU+　　　　　　B. 微信公众号　　　C. 微博　　　　　　D. Feed 流
2. 设置直播抽奖的 4 种形式包括（　　）。
　A. 签到抽奖　　　　B. 秒杀抽奖　　　　C. 点赞抽奖　　　　D. 答题抽奖
3. 直播间的互动玩法有（　　）。
　A. 聊天互动　　　　B. 派发红包　　　　C. 弹幕评论互动　　D. 直播连线互动
4. 下列选项属于私域流量的有（　　）。
　A. 企业微信　　　　B. 朋友圈　　　　　C. 微博　　　　　　D. 社群
5. DOU+ 的优势包括（　　）。
　A. 投放门槛高　　　B. 操作便捷　　　　C. 互动性强　　　　D. 流量优质

三、判断题

1. 如果直播预热没做好，直播的效果就会大打折扣。　　　　　　　　　　（　　）
2. 直播标题宜用"独家""销量冠军"等词语，吸引用户。　　　　　　　　（　　）
3. 一般而言，直播预告短视频时长宜在 30 秒内。　　　　　　　　　　　（　　）
4. 公域流量重在高度活跃的平台氛围，看重社交属性传播。　　　　　　　（　　）
5. 直播中的粉丝运营，包括了解粉丝特性和增强粉丝黏性两方面。　　　　（　　）

四、简答题

1. 请列举 6 个设计直播标题的常见技巧。
2. 请列举增强粉丝黏性的 4 个方法。

7 直播营销之话术

▶ **知识目标：**

  1. 了解直播营销话术设计要点
  2. 掌握直播营销常用话术
  3. 熟悉直播间不同类型商品讲解要点
  4. 了解直播间氛围提升技巧

▶ **技能目标：**

  1. 能够针对不同品类的商品撰写直播话术
  2. 能够列举提升直播间氛围的技巧

▶ **思政目标：**

  1. 培养学生对直播营销话术的正确认识，树立正确的价值观
  2. 培养学生认真严谨的工作作风和工作态度
  3. 学生能够运用所学进行合法合规的直播商品营销

知识概览：

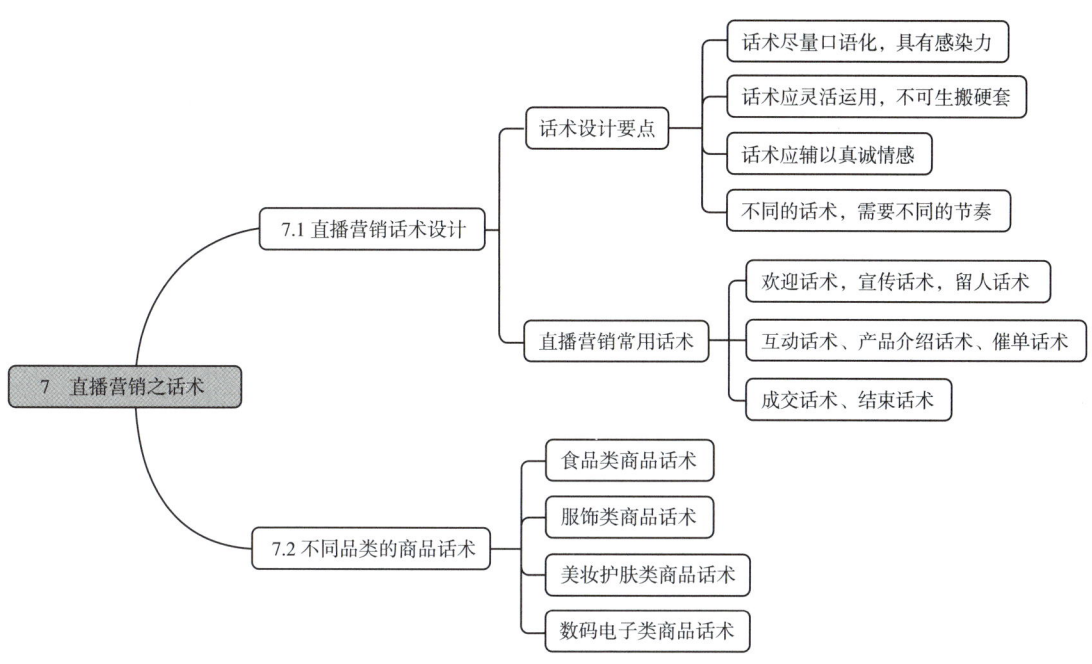

情境引入

小李发现，很多主播每天在直播间面对各色的人群，说话的技巧却毫无吸引力，带货的效果也十分有限。小李不禁思考，为什么有些人一场直播下来GMV（商品交易总额）几百万元，有些人的直播间却一个单都没有？主播需要掌握哪些直播话术，才能实现带货效益最大化呢？

现如今直播带货风生水起，不仅无数商家纷纷从传统电商转战直播电商，就连各路网红、明星也不断加入直播带货的浪潮中，如何在这一蓝海中自在遨游，成为各大商家最为头疼之处。其实，各商家、机构除了在流量和直播场景以及供应链下下功夫以外，带货主播的话术也需要钻研和打磨。做直播想要吸引粉丝，同时提高销售量，除了产品质量好和各类优惠福利外，主播对单品的营销推广也十分重要。想要让原本没有需求或者只是稍微有点动心的买家被说服并下单，其中蕴含了不少的技巧，这便是直播营销话术。

思政小课堂

作为消费者，在直播购物时应该多一些理性思考，货比三家、多看评价，既不因为价格低盲目下单，也不过分听信主播的介绍；作为主播，应当放弃挣快钱的心态，在直播间正确引导、倡导消费者理性消费。主播这样做，既能够提升消费者的好感度与信赖度，也能为直播电商这一商业形态长期、健康地运行下去贡献力量。

7.1 直播营销话术设计

直播话术是指根据用户的期望、需求、动机等,通过分析直播商品所针对的个人或群体的心理特征,运用有效的心理策略,组织的高效且富有深度的语言。

直播营销话术设计

直播营销话术并非独立存在,它和主播的面部表情、身体语言、道具使用等紧密相连。因此,设计直播营销话术时需要注意以下要点。

7.1.1 话术设计要点

1. 话术尽量口语化,具有感染力

高成交率的直播话术设计的重点是主播在介绍商品时的语言要口语化,同时搭配丰富的肢体语言、面部表情等,使主播的整体表现具有很强的感染力,能够把用户带入描绘的场景中。

> **知识链接**
>
> 表 7-1　　　　　　　　　　直播间销售技巧话术模板
>
> | 话术顺序 | 过品节奏流程 | 话术时间 | 话术内容案例 |
> |---|---|---|---|
> | 1 | 粉丝互动 | 30 秒 | 用户停留观看互动、添加关注、增加评论、福利预告、货品预告
举例:品牌介绍;强调粉丝的专属福利,所有进直播间的宝宝有没有喜欢哪个颜色的?可以扣在公屏上。想看主播穿这款的扣666、喜欢的扣1、点赞满××上秒杀/福利、预告半点/整点福利 |
> | 2 | 产品介绍 | 30 秒 | 主播讲解主要卖点+款式+材质+搭配+尺码+颜色,辅助品牌+来源故事+普及知识
不必讲出某款商品的每一个卖点,而是核心提炼出1~2个核心亮点,用多种花样的表现方法来佐证这个观点,打动观看直播的用户 |
> | 3 | 价格介绍、上产品链接 | 20 秒 | 主播让粉丝猜价格、评论越多福利越多、点关注+粉丝团享福利、领取新人优惠……可以通过全网对比、专属优惠的话术形式来凸显这个优惠足够多、活动力度足够大;倒计时,团队统一话术 |
> | 4 | 催单 | 60 秒 | 1. 制造紧张热烈的氛围催促观众下单,及时解答观众疑问、取消观众的购买顾虑都可加速成单
2. 公式:介绍产品+对应链接+机制/领券/福利点+感性话术
3. 福利诱惑、场控报库存/倒计时催单;主播催单,让抢到的扣"抢了/已拍"优先发货,没抢到的扣"666"加库存;提高客单价,买2件送××;强调这款是"主播自留款"
4. 利用用户从众心理:"这款产品,在之前我们全网/线下已经卖过10W+了" |
> | 5 | 场景化描述 | 30 秒 | 讲解产品的主要适用场景氛围,分别对应角色、场景、痛点、产品能带来的解决方案 |
> | 6 | 过品 | 10 秒 | 倒计时,团队统一话术 |

2. 话术应灵活运用，不可生搬硬套

很多新手主播经常把话术作为一种模板或框架来套用，但需要注意的是，话术并不是一成不变的，要活学活用。

同时，设计话术要避开争议性词语或敏感性话题，以文明、礼貌为前提，既能让表达的信息直击用户的内心，又能够营造融洽的直播间氛围。

3. 话术应辅以真诚情感

新手主播往往缺乏直播经验，可能经常会遇到忘词的情况，这时主播虽然可以参考话术脚本，但一定要注意配合情绪、情感，面部表情要丰富，情感要真诚，加上丰富的肢体语言、道具的使用等。

直播就像一场舞台表演，主播便是最重要的主演，凭借精湛的演技，主播才能吸引观众、感动观众。使用话术时，主播不能表现得过于怯懦或强势，过于怯懦会让主播失去自己的主导地位，变得非常被动，容易被牵着走，而如果主播过于强势，自说自话，根本不关心用户的想法或喜好，则不利于聚集粉丝和增加流量。

4. 不同的话术，需要不同的节奏

在直播时，主播的语调要抑扬顿挫，富于变化，语速要确保用户能够听清讲话内容。主播可以根据直播内容的不同灵活掌握语速，如果想促成用户下单，语速可以适当快一些，控制在150字/分钟左右，用激情来感染用户；如果要讲专业性的内容，语速可以稍微慢一些，控制在130字/分钟左右，这样更能体现出权威性；讲到要点时，可以刻意放慢语速或停顿，以提醒用户注意倾听。

> **课堂讨论**
>
> 你认为直播营销话术设计要点中，哪一个要点最重要？并说明原因。

7.1.2 直播营销常用话术

> **知识链接**
>
> 话术是销售的武器，话术对销售的三个作用如下：
> （1）拉近关系。
> （2）产生持续信任。
> （3）制造高消费力。

通常来说，一场直播主要分为直播前准备、直播中展示、直播结束引导三大流程。对于新手主播来说，直播前10分钟以及直播最后20分钟则是重中之重，但是很多人都忽略了这一点，导致直播效果并不理想。接下来讲解直播流程中经常用到的一些直播话术。

1. 欢迎话术

在直播中，用户的第一印象是非常重要的。如果缺乏具有吸引力的直播开场白，甚至可能导致一场精选策划的直播内容前功尽弃。直播的欢迎话术是每一场直播都不能缺少的环节。

设计直播开场白时，需要掌握以下注意事项。
（1）对用户表达感谢。
（2）话术不要太过机械化。
（3）点出粉丝昵称并寻找共同点。
（4）不要一开始就直奔主题。
（5）开场白中埋伏直播亮点。

2. 宣传话术

想让更多的粉丝熟悉并了解直播间和主播，还需要一定的宣传话术。一般来说，宣传话术主要包括宣传直播时间、宣传直播内容、宣传店铺。

例如，"大家好，本店在线下已经经营了十几年，有自己的生产工厂，质量可以保证，有问题您随时找我，肯定帮您解决，想吃糕点类零食，认准我家店铺就可以了！"

3. 留人话术

直播时间到3~4小时以后，这个时候容易产生一些倦怠感，因此需要通过以下几种留人话术来提升直播间的气氛，降低粉丝的流失和提升直播间的粉丝黏性及留存率。主要包括直播福袋、红包、福利等。

（1）来到我们直播间的小可爱们注意了，接下来我就要推出今天优惠力度最大的产品了，错过了要等一年哦！

（2）客官请少安毋躁，马上我们就来一波抽奖，抽中10位粉丝，我把手里的××直接送给你！

（3）小伙伴们怎么都不吱声啦，看来是我给的红包还不够，接下来我们就来一波抽奖，扣666，我来截屏！

4. 互动话术

互动话术主要通过主播与粉丝互动，让粉丝感受到切实的服务态度，让疑问随时被解决，主播一看到粉丝的疑问也能马上有反馈，安排专人解决问题。互动话术主要包括选择型话术、提问型话术、节奏型话术3种类型。

（1）这款是直播间的老产品了，买过的扣1，没买过的扣2，家人们告诉我一下是1还是2！

（2）你们希望这件产品卖多少钱？把你们希望的价钱打在屏幕上，主播看看大家的心理价位是多少？

（3）如果这款市场价××元的产品今天直播间只要××元，是不是超级给力？想要的家人们，给我打上"想要"，让我看看你们的热情。

5. 产品介绍话术

一般情况下，产品介绍话术大致分为展示型话术、信任型话术以及专业型话术3种。

（1）展示型话术。在带货时，主播能够完美展示产品的特点，比如外观、重量、细节等。

（2）信任型话术。主播强调自己的人设，把自己塑造成此行业内的资深人士，货源好，生产工艺好，售后服务好，自己也一直在使用这个产品，取得用户的信任，打消用户的顾虑。

（3）专业型话术。专业人士售卖产品，掌握产品的生产环节，用一些专业术语介绍产品，从专业角度指导用户该如何使用，能够替用户选择适合他们的产品，常见于专业性比较强的行业直播，例如，知识类、法律类、医学类等。

知识链接

表 7-2　　　　　　　　　　　　产品介绍话术模板

步骤	描述	举例
设置话题	怎么把产品引出来，提出消费场景，引起适合人群的共鸣	小王（副播的名字），我最近看你做饭都大鱼大肉，怎么没见你胖啊，是不是有什么瘦身法宝呀？此时就是用一个非常好的话题来引起大家的好奇心
放大话题	放大话题，尽可能释放潜在隐患	我也想像你一样能多吃点好吃的，但又担心自己立马变胖了，可咋办呀
引入产品	以解决问题为出发点，自然而然引出要推荐的产品	其实我就是用了一款称为×××的产品，可以保证我在享受美食的同时，不会变胖
加强附加值	从行业、品牌、原料、使用感受等维度来进行详细介绍	这是由××公司研发××年的最新科技产品，累计销量已经××万台，采用的主要是进口零件，特别安全，没有副作用，也不会反弹哦
增强性价比	强调直播优惠价	这款产品市场价××元，今天在我们直播间，只要××元，相当于打了×折，真的非常优惠

6. 催单话术

催单话术其实是饥饿营销的另一种说法，让用户产生"怕错过"的心理，使用户马上下单付款。

常用的催单话术有：抢购、数量有限、过时不候、最后 30 秒就下架等。例如：只剩 10 单，只剩 10 单，10 单卖完，可能就要几个月后才有货了，真的要立马下单付款，千万不能错过，真的是一个好产品。

催单需要两个关键点：

（1）吊足用户胃口，找准时机宣布价格，让用户觉得"物超所值"。

（2）强调促销政策，包括限时折扣、现金返还、随机免单、抽奖免单等，让用户热情达到高潮，催促用户集中下单。

30 分钟催单话术如表 7-3 所示。

表 7-3　　　　　　　　　　　　30 分钟催单话术模板

时间	内容
0~5 分钟	吸引观众眼球，勾起用户好奇心
5~7 分钟	利用各种抽奖活动、利好政策留住观众和意向客户
7~12 分钟	通过对产品解说以及亲身试用来锁住客户
16~22 分钟	从产品的各方面来与竞品对比，凸显自己产品的优势
22~27 分钟	再次强调促销政策，进一步催促用户下单
最后 3 分钟	反复提醒用户下单，并营造出抢购的氛围，迫使用户下单

7. 成交话术

直播电商全面爆发，全民直播的盛况更是空前绝后，不过直播带货虽然火爆，但分化却也十分明显。头号主播有流量，每场直播的销售量都十分火爆，而才入门的新手主播，直播时找不到话题聊，转化惨淡。掌握常用的6种直播成交话术（见表7-4），改善直播转化率指日可待。

表7-4　　　　　　　　　　　常用的6种直播成交话术

话术种类	话术分析	话术参考
分享成交法	以好物分享为由头，以家人称呼拉近关系，言简意赅地介绍产品	我就是有好的东西藏不住，一定要跟你们唠一唠，看看我们家这个芒果，金黄薄皮，轻轻一撕就能轻松拨开，又甜又多汁，如果喜欢的话，在我直播间，批发价卖给你
劝告成交法	以劝告的形式提醒用户买贵了，然后通过数量和价格优惠，吸引用户，达成成交	别去饭店花百来块钱吃小龙虾了，来我直播间，一包、两包、三包……拍一送一，只要××元
求助成交法	以求助的口吻来介绍自己正在销售的产品，突出产品质量好、价格便宜	兄弟姐妹们，帮帮我们吧，现在西双版纳每天都是高温，我们这么好的菠萝蜜已经熟透了，现在只能烂在地里，还卖不了钱，要是再不卖的话，成本都收不回来了，如果喜欢吃菠萝蜜，帮我点一个小爱心，一杯奶茶钱，我可以给你发满满一箱
产地成交法	突出新鲜、一手、价格三个核心	山竹啊，就要吃新鲜的，我们是一手货源，价格都非常美丽，你要喜欢啊，来我直播间
超值成交法	以自问自答的方式，和用户日常的认知形成反差，突出自己产品的优惠	你平常买这支笔需要花多少钱，两块钱要吧？你今天来我直播间，9.9元给你一盒、两盒、三盒，再加一包、两包、三包、四包，这一箱总共70只给你包邮到家
同情成交法	先表明某身份获取同情，获取用户的同情心，再强调用户之前的消费不合理，最终突出自己产品的质量和优势	你见过大山深处的原生态蜂蜜吗？最好的东西都藏在了无人问津的山上，最纯的蜂蜜，最淳朴的养蜂人，深深地震撼了我。他们在花期的时候，在山上一待就是三个月，原始的蜂蜜咬下去的心都化了，而总是滞销的蜂蜜是养蜂人最大的苦恼，你要是喜欢，帮我点个爱心，十几元钱，给你发一瓶原生态的蜂蜜，收回成本钱就可以了

8. 结束话术

不管是送礼物的观众，还是默默观看直播的观众，每一个陪伴主播的人都是真爱。因此，主播在下播之前，可以设计一些结束话术，既是表达对观众的感谢，延续粉丝的不舍之情，也是给自己做一个简单的总结。

> **知识链接**
>
> 使用结束话术需要注意四个要素：一要有激情，二要有热情，三要有自信，四要主动。

（1）轻轻地我走了，正如我轻轻地来，感谢大家的厚爱，其实我不想跟大家说再见。不过时间的关系，这次直播马上就结束了，请不要忘记每天的××（时间）主播在这里等你，让我们明天见。

（2）主播还有20分钟就下播了，非常感谢大家的陪伴，今天和大家度过了非常愉快的时光,主播最后给大家抽个奖好不好?大家记得关注我,下次开播就会收到自动提醒信息,我也会想念大家。

(3) 今天的直播非常成功,大家的热情给了我很大鼓励,虽然我是刚开始尝试直播,但我感谢××直播这个平台,让我轻松实现了直播,感谢今天到来的所有粉丝,以后我会继续努力,记得关注我,咱们明天见。

> **思政小课堂**
>
> **直播过程中会触发违规的话术用语**
>
> 1. 虚假优惠折扣
>
> 在直播间使用了全网最低、政府定价等客户无法做出比较和参考的价格,这些内容是违规的。
>
> 2. 口播、字幕不能够使用广告法中的禁用词
>
> 大牌、平替、专供、全国首发、最低价等极限词、敏感词,都属于违规用词。
>
> 3. 美妆日化行业
>
> 如果直播做美妆日化类商品,不是特殊用途的商品,不可以宣传具有美白、祛斑、防脱发的功效,不管是明示还是暗示作用和效果都不行。
>
> 4. 食品行业
>
> 如果从事食品行业,不可以宣传抗衰老、减肥、防癌、养生保健或者是与治疗相关的信息。比如,如果在直播间说产品有祛湿、排毒、治痛经的各种功效直播就会被中断,严重的直接封禁直播间。
>
> 5. 没给产品背书
>
> 如果直播间卖的产品是有专利或者是第三方授权的,必须要在直播画面中去展示专利证书或者授权文件,否则直播可能中断,甚至被封禁。
>
> 6. 其他
>
> 讲成分不能说"纯天然、百分百",做活动不能说"马上恢复原价,再不抢就没了"。

> **课堂讨论**
>
> 观看一场知名主播的带货直播,看一看主播和助理都使用了哪些话术。

7.2 不同品类的商品话术

直播带货的最终目标是促使用户下单。因此,主播在整个直播过程中必须对产品进行全面而详细的介绍,确保用户对产品有一个完整的了解。但是,不同品类的商品,因其特性不同,对应的适用人群也不尽相同。所以,对于不同的商品及其适用人群,主播的讲解需要具有针对性,通过清晰有条理的话术让直播间粉丝快速下单。

不同品类的商品话术

7.2.1 食品类商品话术

> **知识链接**
>
> 快速消费品简称快消品,区别于耐用品,是指人们在日常生活中经常会使用到的产品,具有刚需、易耗、重复购买的特点,包括食品、饮料、化妆品、服装、日化等。前者关注产品的消费使用,而后者关注的重点则在销售。

主播在直播间推荐食品类商品时,需要介绍商品的产地、主料、辅料、营养价值、味道、规格、价格、包装等,还要围绕商品的加工制作方法、储存方法、食用方法等方面设计营销话术。

主播通过现场试吃(见图7-1),实际展示吃的过程,可以针对食物的色、香、味、形进行描述,突出其差异化的优势,最好配上图片或视频,增强对用户的吸引力。要通过语言描述调动用户的视觉、味觉、嗅觉等感官,让用户感受到食物的美味。

图7-1 推荐美食直播

不同类型食品的参考话术如表7-5所示。

表 7-5 不同类型食品的参考话术

产品名称	参考话术
红豆薏米茶	广州白云山和××医药联合出品的,我为什么喜欢?因为它很干净,独立包装,不像其他家,会有一些渣子。它这个就很方便,男女老少都能喝,但注意一下,孕妇不能喝的哈。成分很多,很健康,夏天喝很好,吃完饭喝一杯也很不错
0蔗糖酸奶	它的卖点就是0蔗糖,它是那种很浓稠的酸奶,看到没有?这一款产品经济实惠,性价比高,适合对蔗糖有需求的特殊人群。在减肥的过程当中,我们要选择让自己吃一些更加有营养的东西对不对?这款产品适合减肥群体
鸭舌	我觉得鸭舌最好吃的就是××家。这个是礼盒,有6种产品,晚上闲着的时候可以吃一点,保质期80天,可以鸭翅配啤酒

思政案例

某品牌商在淘宝直播中介绍其"牡蛎橙复合饮料"商品,宣传语中包含"……能够提升精子活性,提高受孕概率,想生二胎三胎的,在备孕期间可以补充锌元素……"等内容,但该品牌商却无法提供相关的证明材料。上述行为,属于经营者对其商品的功能作引人误解的商业宣传的违法行为,被处停止违法行为,并处罚款 10 000 元。

[温馨提醒]

《中华人民共和国反不正当竞争法》第八条第一款规定:经营者不得对其商品的性能、功能、质量、销售状况、用户评价、曾获荣誉等作虚假或引人误解的商业宣传,欺骗、误导消费者。

《中华人民共和国反不正当竞争法》第二十条第一款规定:经营者违反本法第八条规定,对其商品作虚假或者引人误解的商业宣传,或者通过组织虚假交易方式帮助其他经营者进行虚假或者引人误解的商业宣传的,由监督检查部门责令停止违法行为,处二十万元以上一百万元以下的罚款;情节严重的处一百万元以上二百万元以下的罚款,可以吊销营业执照。

[职业思考]

主播想通过精彩的话术吸引用户购买商品,这一立场可以理解,但是主播不能虚假宣传或者用引人误解的宣传,诱导用户下单。如果直播间售卖的产品有专利、实验数据或者是第三方授权的,必须要在直播画面中展示相关的资质证明,让用户放心购买。

课堂讨论

观看一场知名主播的食品类商品"带货"直播,说一说主播讲解了哪些要点。

7.2.2 服饰类商品话术

> **知识链接**
>
> 服饰类用户关注点：适合什么风格、面料是否舒适、实际上身效果、有无色差、尺码（透露模特身材信息、方便粉丝对比）、价格。

这类商品的展示要实际上身，通过讲解穿搭技巧、展示穿搭秀等方式直观展示给用户（见图7-2）。

图7-2 推荐服饰直播

服饰类商品介绍话术如表7-6所示。

表7-6　　　　　　　　　　服饰类商品介绍话术模板

介绍要点	对应话术
产品属性	这个款是我们的新款，也是我们的1号链接，你们可以看一下它整体上身的感觉，这个款比较偏长一点，到我们小腿中下的位置。浪漫优雅的雪纺连衣裙，蔓生花的花形图案充满秋日氛围，收腰设计的版型，穿上蛮显瘦的；领口的木耳边系带，加上飘逸的裙摆，穿上显得女人味十足……
面料	卡其色风衣的面料耐磨且柔软，适合女生在秋天穿。连帽收腰设计，加以撞色字母织带装饰，整体呈现年轻俏皮的形象，让你走在路上就是一道亮丽的风景线……

续表

介绍要点	对应话术
细节	这是一款适合秋冬穿的呢子短裙，面料垂感抗皱，柔软亲肤，前片翻折装饰扣设计蛮特别的，撞色的三角针工艺，精致又大方，女生穿出去约会的话，你的男朋友会移不开眼的……
搭配	这一款平时我们去海边可以搭一些草帽、上班的话可以搭配运动鞋，简单地拿一个包包就没有问题了
色彩	这个衣服的颜色饱和度也是非常高的，这款衣服有三个颜色，给大家看一下，白色、紫色还有我身上的粉色，其中粉色是我们家卖得最好的一个款，建议大家可以带粉色
尺码	它分小中两个码，小码建议穿到120斤以内，130斤以内可以选中码
性价比	不是普通的棉质，高支高密领口不松懈，不缩水不变形不褪色不起球，我们家19年高端工厂，靠的是口碑走到现在，低廉货我们不做，大家也不会穿，只做高品质

> **知识链接**
>
> 对比价格的方法：
> （1）对比店铺的日常价格。
> （2）对比超市/线下的价格，突出实惠。
> （3）对比往期最大折扣（如双十一的力度）。
> （4）强调折扣力度。
> 注意：
> 不是历史最低价，则不要盲目跟历史最低价对比，且价格对比一定要真实，避免欺诈消费者的情况发生。

> **课堂讨论**
>
> 观看一场知名主播的服饰类商品带货直播，说一说主播讲解了哪些要点。

7.2.3 美妆护肤类商品话术

> **知识链接**
>
> 美妆护肤类商品用户关注点：使用感受（质感、质地）、功效（保湿还是抗老）、成分（添加了哪些主要成分、功效是什么、占比有多少）、适用人群（肤质是干皮油皮、年龄适合多大）、价格。

美妆护肤类商品，属于典型的实验类介绍，如果是面膜，一定要现场挤出精华展示含量，如果是口红（见图7-3）、眼影一定要现场试色（无滤镜）。

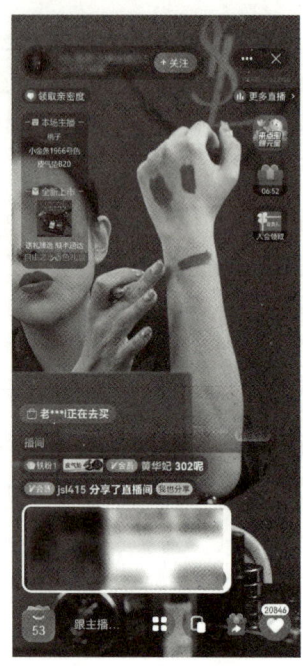

图 7-3　推荐口红直播

常见美妆类商品的介绍要点如表 7-7 所示。

表 7-7　　常见美妆类商品介绍要点

商品类型	介绍要点
底妆类	色号、适合的肤质、持久度、滋润度、遮瑕度等
唇妆类	色号、持久度、滋润度,是否容易沾杯,适合搭配何种腮红、眼妆等
修容类	质地（粉状还是膏状）、颜色（如偏红、偏灰）、是否飞粉、是否容易晕染开等,并向用户演示使用该商品修容的方法,展示使用商品前后的对比效果
遮瑕类	适合的肤质、遮瑕度、滋润度等
眼妆类	眼线：颜色、持久度、防水性、使用寿命、使用起来是否顺滑等
	眼影：质地、显色度、延展度、细腻度、持久性、是否飞粉等
	眉笔：颜色、成分、质地是否柔和、持久度、防水性等
	睫毛膏：持久度、刷头形状、功效（让睫毛显浓密、显卷翘等）、刷完是否会出现"苍蝇腿"等
化妆工具类	商品的用途、材质、使用方法、使用感觉等,并向用户展示使用方法
卸妆类	质地是否柔和、卸妆效果（可以将彩妆画在手臂上,现场卸妆）、适用的场合（例如,卸妆湿纸巾适合在外出乘车、乘飞机等场合使用）
洁面类	商品成分、适合的肤质、使用方法、起泡情况、清洁强度,适合早晨洁面使用还是晚间洁面使用,是否具备卸妆效果,洗完脸后是否有紧绷感等
面膜类	功效、成分、使用方法（尤其是比较新奇的面膜,要向用户演示其使用方法）、精华液含量等
美容工具类	功效、使用方法、使用效果、商品安全保证、商品质量认证等

> **课堂讨论**
>
> 观看一场知名主播的美妆类商品带货直播,说一说主播讲解了哪些要点。

7.2.4 数码电子类商品话术

对于这类商品,主播主要以开箱为主,从检测、剖析展示商品的生产工艺、性能、技术指标等方面入手介绍,重点在于突出推荐商品与其他商品的差异和推荐商品的优势,如表 7-8 所示。

表 7-8 数码电子类商品话术流程

介绍方向	介绍要点
外观、颜色等	介绍商品的外观、颜色,以及不同的版本,结合广告宣传和发布会等融入主播的自我观点和自我感受 外观包括屏幕大小、屏占比、屏幕质量、屏幕类型、分辨率、按钮材质、背面材质、像素、闪光灯、卡槽、防水设计、机身宽度、耳机孔直径等,对比市场上的其他手机,将这些设计直观地展示给用户
开箱测评	展示未开封、带有薄膜的状态及所有配件等。从包装、附件、说明书等展开,讲解商品的功能,如手机的快充功能等
差异化亮点	新商品一般会具有特色功能或亮点,主播可以对其进行分析。例如,新款手机具有 OLED 屏幕、90Hz 的刷新率、潜望镜远摄镜头和 52MP(百万像素)主拍摄器
硬件介绍	1. 硬件支持,如机身系统、处理器、内存大小、闪存大小、核数,在游戏、视频中的具体表现,各大评测软件的评分情况,同时要对比不同手机,得出有说服力的结果 2. 介绍续航、快充、电池容量、系统耗电情况,具体到多少分钟充电多少,以及完全充满电所需的时间
系统体验	流畅度、滑动体验、是否卡屏、系统新增功能等
综合分析	根据以上试用情况对性价比等进行客观的分析

> **课堂讨论**
>
> 观看一场知名主播的数码电子类商品带货直播,说一说主播讲解了哪些要点。

实战演练

一、单项选择题

1. 直播话术是指根据用户的期望、需求、动机等组织的高效且富有深度的(   )。
   A. 行为 B. 动作 C. 语言 D. 规范
2. 直播话术要(   ),不能直接把话术作为模板或框架来套用。
   A. 尽量口语化,具有感染力 B. 灵活运用,不可生搬硬套
   C. 辅以真诚情感 D. 根据话术的不同,确定不同的节奏

3. 关于直播欢迎话术的技巧，说法错误的是（　　）。
   A. 要对用户表达感谢　　　　　　　B. 话术不要太过机械化
   C. 开场直奔主题　　　　　　　　　D. 开场白中埋伏直播亮点
4. 话术对销售的作用不包括（　　）。
   A. 拉近关系　　B. 为粉丝谋福利　　C. 产生持续信任　　D. 制造高消费力
5. 话术"别去饭店花百来块钱吃小龙虾了，来我直播间，拍一送一，只要59元"，属于成交话术中的（　　）。
   A. 分享成交法　　B. 求助成交法　　C. 产地成交法　　D. 劝告成交法

二、多项选择题

1. 直播营销话术并不是单独存在的，它与主播的（　　）等密切相关。
   A. 面部表情　　B. 肢体语言　　C. 现场试验　　D. 道具使用
2. 一般情况下，产品介绍话术大致分为（　　）。
   A. 福利型话术　　B. 专业型话术　　C. 信任型话术　　D. 展示型话术
3. 互动话术主要包括（　　）。
   A. 选择型话术　　B. 提问型话术　　C. 节奏型话术　　D. 信任型话术
4. 直播间氛围提升的技巧包括（　　）。
   A. 聊天互动　　B. 天降红包互动　　C. 弹幕评论互动　　D. 设置直播抽奖
5. 下列关于产品介绍的话术，属于场景化描述的有（　　）。
   A. 走红毯必备的口红颜色
   B. 去海边玩一定要戴的渔夫帽
   C. 有一种下过小雨的森林里的味道
   D. 这款呢子短裙，面料垂感抗皱，柔软亲肤

三、判断题

1. 巧妙设计直播话术，是促成直播间转化的关键的因素之一。　　　　　　（　　）
2. 直播话术不宜太过口语化，而应晦涩难懂，让用户觉得很高端。　　　　（　　）
3. 弹幕指的是在网络上观看视频时弹出的评论性字幕。　　　　　　　　　（　　）
4. 直播美妆日化类商品，可以暗示用户具有美白、祛斑、防护发的功效。　（　　）
5. 直播介绍成分时可以说"纯天然、百分百"等话术。　　　　　　　　　（　　）

四、简答题

1. 至少列举6项直播营销的常用话术。
2. 请列举服饰类商品话术的介绍要点。
3. 请列举底妆类商品话术的介绍要点。
4. 请列举数码电子类商品话术的介绍要点。

8 直播数据分析

▶ 知识目标：

1. 了解直播营销的数据分析指标与思路
2. 熟悉直播营销数据的分析流程
3. 了解直播营销的常见问题
4. 能够通过直播工具查看与分析直播数据

▶ 技能目标：

1. 能够分析运营账号的直播数据，了解账号的运营状况
2. 能够掌握直播营销的数据指标
3. 培养学生认真严谨的工作作风和工作态度
4. 学会利用第三方工具查看与分析直播数据

▶ 思政目标：

1. 培养学生对直播营销的正确认识，增强大学生的使命担当
2. 培养学生认真严谨的工作作风和工作态度
3. 帮助学生树立正确的三观，塑造良好的人格

知识概览：

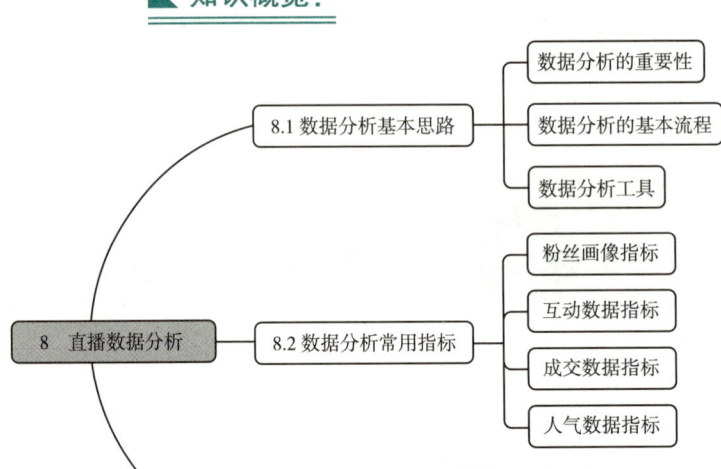

情境引入

小李的上司要求小李把近段时间的直播数据进行整理、总结并反思在直播过程中的一些优劣势，在月末总结会中向公司领导汇报直播业务的整体运营状况。小李心想，直播要想越做越好，就需要不断对直播数据进行总结，找出问题并不断进行直播优化。那他应该从哪里查看直播数据，在工作汇报时应该分析哪些指标呢？

直播数据分析是直播运营中的重要工作，因为一场直播不能只顾销量，还要通过数据的变化情况，及时进行总结与反思。数据分析是直播运营中非常关键的一个环节。既要分析运营账号的直播数据，了解账号的运营状况，又要分析直播行业的相关数据，了解直播数据反映的用户购买需求，了解当前热门的直播带货商品等。主播通过数据复盘，回顾并不断优化直播的整个过程，总结直播中的各种不足，为在下一场直播中改进、优化直播内容，提升直播质量和效果提供参考。

8.1 数据分析基本思路

直播数据分析，是在一场直播结束后，对直播的各项数据进行分析，包括直播前对直播预热、直播引流、直播过程中主播的表现、带货变现的数据及正常直播的综合数据等。根据对各个方面的分析，总结出该场直播中做得好和不足的地方，然后在下一场直播中进行改进，优化每一场直播，做出更好的直播效果。

数据分析
基本思路

随着视频直播生态的成熟和视频媒体的蓬勃发展，依托于短视频平台生态的直播间吸引了众多主播。很多主播刚开始直播带货，效果常常不尽如人意。但是凭借直播数据复盘，深刻研究每一个问题、分析每一项数据，不断迭代与优化，最终实现了从量变到质变，如图 8-1 所示。

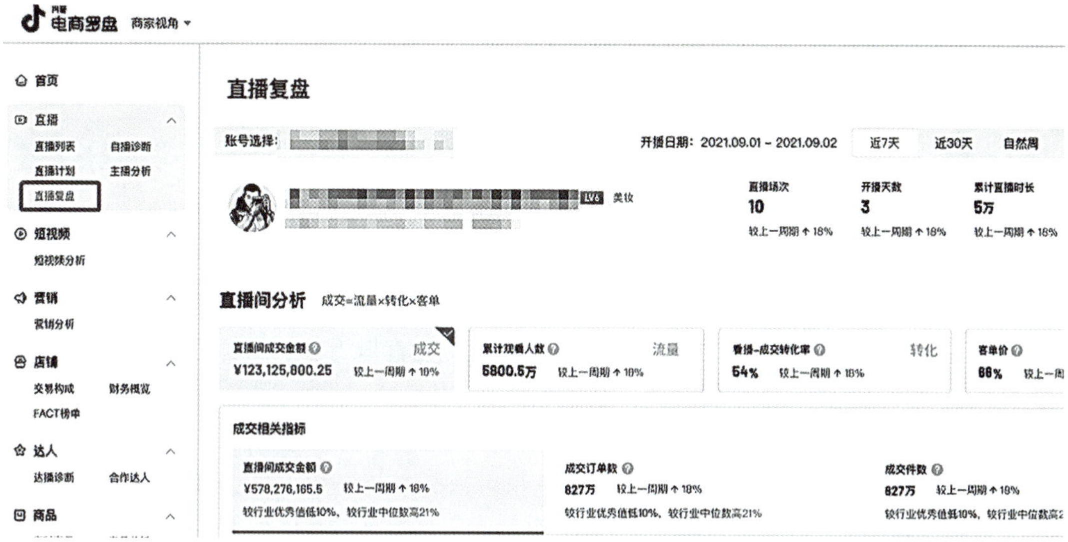

图 8-1 抖音电商罗盘复盘数据

8.1.1 数据分析的重要性

一场直播的数据分析，包括各种数据的分析、运营的分析、主播表现的分析、场控和中控的分析、私域的分析。直播的流量终将涌向高效转化领域，好的内容才是直播带货的核心竞争力。直播数据分析的重要性主要表现在以下几方面。

1. 熟悉观众，锁定产品

通过分析直播数据和互动评论，可以了解观众喜欢哪些话题、对什么行业和产品感兴趣，或是聊到了哪些话题时，互动量明显增多，对构建观众画像、后续直播内容选题、选品和粉丝运营都有十分重要的意义。

2. 验证操作，优化流程

直播后的复盘，可以用来验证在直播过程中的各项操作是否合理，前期的宣传推广是否有效、渠道是否选对，观众喜欢哪种推广方式和内容，选品是否符合观众需求，以及直播活动观众是否愿意参与等问题，都可以通过直播中的实际反馈得到验证，进而帮助优化和改进直播前中后整体流程和内容。

3. 复制技巧，打造人设

根据复盘后总结出来有效的技巧和话术，综合观众的反馈情况，提炼出独特、好记的个人标签，在后续直播中反复提及，最后成为自己的直播风格。

4. 积累经验，避免失误

通过复盘找出直播过程中犯下的错误和预料之外的情况，比如没有及时回复观众的问题导致其脱粉，或是违反直播平台规定被提醒等，避免下次直播再犯。

8.1.2 数据分析的基本流程

直播间流量是实时变动的,系统基于直播间内用户的正反馈进行流量推荐。每一场直播,都会参考该直播间的近期直播数据,进行整体流量的分配。掌握直播数据分析的流程,对直播间的优化复盘是至关重要的。直播营销数据分析流程主要分为 4 部分:

(1) 确定数据分析目标;
(2) 获取数据;
(3) 统计数据;
(4) 分析数据。

通常来说,做数据分析的目标主要有以下 3 种。
(1) 寻找直播间数据波动的原因;
(2) 以直播后台数据作为参考,具体分析寻找优化直播内容、提升直播效果的方案;
(3) 通过数据规律、平台流量算法及平台规则,从算法出发对直播业务进行优化。

8.1.3 数据分析工具

如何快速找到想要的直播带货数据呢?这里可以分为两个切入口:自身数据和同行数据。下面以抖音为例,介绍手机端和 PC 端查看后台直播数据的具体步骤。

1. 通过手机端获取直播数据

通过抖音 App 的企业服务中心获取某直播账号的直播数据。

第一步:打开抖音,找到我的,选择"创作者服务中心"(见图 8-2)。

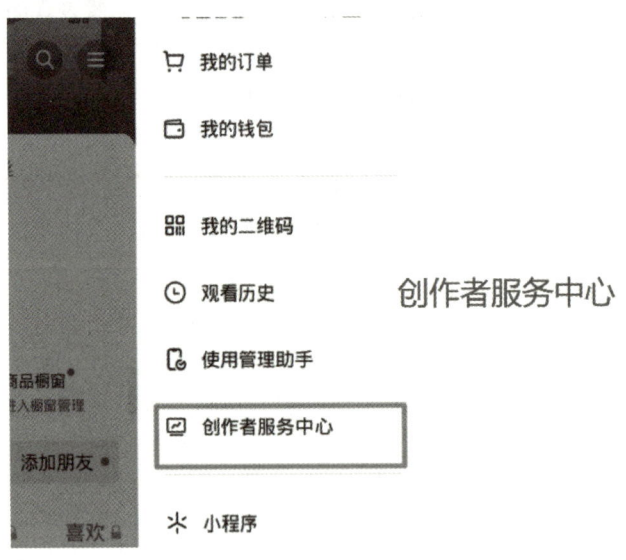

图 8-2 创作者服务中心

第二步:查看功能列表—进阶服务—主播中心(见图 8-3)。

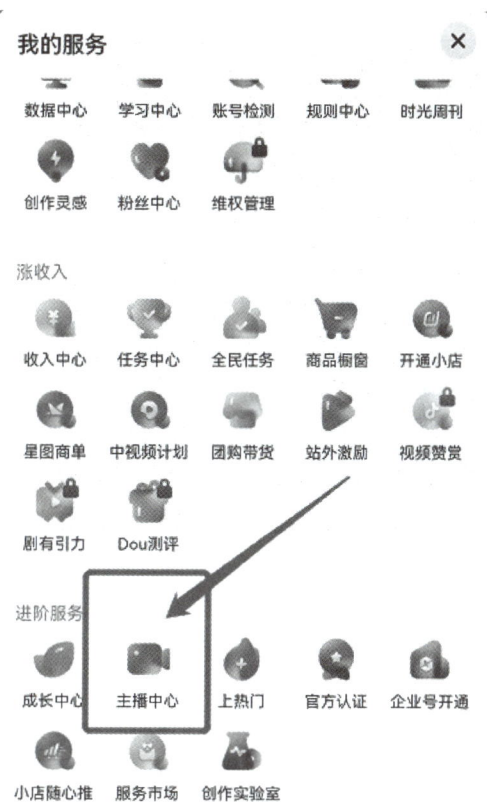

图 8-3 抖音功能列表

第三步:选择主播中心—查看直播数据(见图 8-4)。

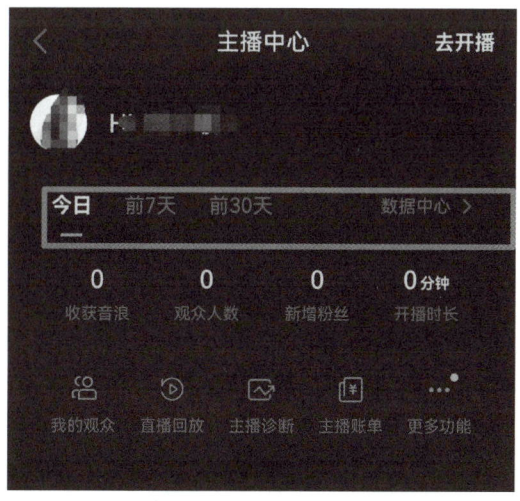

图 8-4 某抖音账号主播中心

第四步：查看单场直播具体数据（见图8-5）。

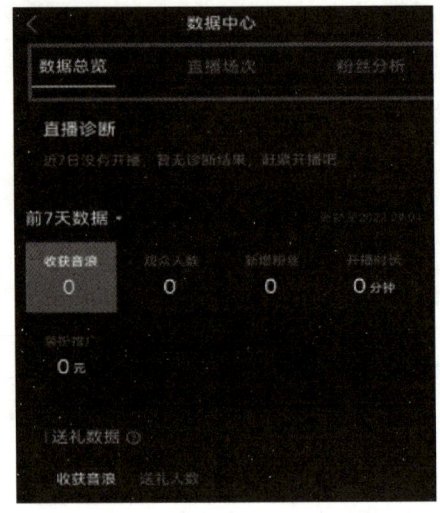

图8-5　某抖音账号数据中心

> **知识链接**
>
> 观众总数：一场直播有多少人看了直播；
> 新增粉丝数：直播期间，有多少人关注了账号；
> 付费人数：有多少人愿意为直播内容进行付费。

2. 通过抖音PC端获取直播数据

第一步：进入电脑网页版抖音"创作者服务中心"并登录（见图8-6）。

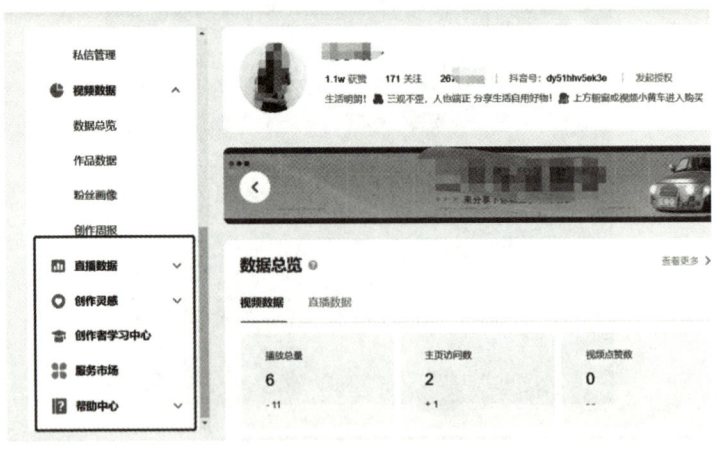

图8-6　网页版创作者服务中心

第二步：选择数据总览，查看直播数据。

PC 端数据分析可以看到直播次数、直播时长、用户观看次数、总时长、用户平均观看时长等数据（见图 8-7）。

图 8-7　网页版直播数据

3. 其他 PC 端查询数据

抖音巨量百应平台：具备橱窗商品管理、直播间商品管理、数据参谋、直播数据等四大管理功能，从直播数据可以看到每一场的直播带货数据（见图 8-8）。

图 8-8　巨量百应直播数据

4. 利用第三方工具获取直播数据

直播带货愈演愈烈的当下，越来越多的电商纷纷加入这一赛道当中。不论在哪个平台，我们在做直播的时候是绝对离不开对整个直播带货过程的复盘，只有做好严谨、全面的分析后才能让下次的带货更好。

通过第三方数据平台查看对比账号的直播数据，可以看到账号的优势和劣势。今天为大家盘点几款电商直播带货的数据分析工具。

（1）飞瓜数据。飞瓜数据主要提供全网短视频达人查询等数据服务，并提供多维度的抖音、快手达人榜单排名、电商数据、直播推广等实用功能，是一款短视频及直播数据查询、运营及广告投放效果监控的专业工具（见图 8-9）。

支持数据服务平台：抖音、快手、B 站。

图 8-9 飞瓜数据

(2) 蝉妈妈。蝉妈妈数据是一款垂直于抖音短视频电商的数据分析服务平台，提供抖音直播、短视频、爆款商品、视频素材和 DOU+、精准 ROI（通过精准投放提高投资回报率）等抖音生态数据服务（见图 8-10）。

支持数据服务平台：抖音、小红书。

图 8-10 蝉妈妈

(3) 抖查查。抖查查是国内知名的直播电商短视频大数据分析平台，致力于帮助众多达人、商家、MCN 机构提高运营效率，实现精准营销（见图 8-11）。

支持数据服务平台：通用。

图 8-11 抖查查

（4）新抖。新抖是新榜旗下抖音数据产品，是抖音全场景 AI 数据平台（见图 8－12）。新抖全方位洞察抖音生态，发掘热门视频、直播、爆款商品及优质账号，有效助力账号运营变现，品牌策略投放。

支持数据服务平台：抖音。

图 8－12　新抖

（5）新快。新快是新榜旗下快手数据产品，是免费使用的快手数据工具，聚焦快手直播电商带货，选号投放，快手号运营等领域全方位助力追直播（见图 8－13）。实时直播数据大屏，秒级追踪销量变化，多维交叉选号比号，助力账号运营及直播销量提升。

支持数据服务平台：快手。

图 8－13　新快

> **课堂讨论**
>
> 上网查阅资料，看一看还有哪些好用的第三方直播数据工具。

8.2　数据分析常用指标

在直播数据复盘的过程中，主播必须要进行数据分析，在回顾直播流程时用数据量化地总结直播表现。直播间的后续操作有很大一部分要通过数据指引方向，主播可以通过分析数据来制定相应的执行方案并进行测试，以优化直播数据。

数据分析常用指标

在日常工作中，各部门的直播数据分析，可以拆分为粉丝画像指标、互动数据指标、成交数据指标、人气数据指标。

> **名词解释**
>
> 粉丝画像是根据社会属性、生活习惯和其他行为等信息抽象出的一个标签化的粉丝模型。主播们可以通过这个粉丝模型找到每个子账号的目标粉丝群。

8.2.1 粉丝画像指标

简单来说就是给粉丝打标签,通过这些高度概括的标签,可以更好地认识粉丝、了解粉丝、理解粉丝。作战时要"知己知彼",才能"百战不殆"。所以做直播营销也是,只有对粉丝了如指掌了,才能够更加精准为粉丝提供服务,优化内容,提供更好的粉丝体验。

用户画像数据指标包括性别分布、年龄分布、地域分布、活跃时间分布、粉丝来源等。

图8-14所示为某场直播的用户性别分布与年龄分布数据,在性别分布上,男性用户占多数;在年龄分布上,24~30岁和31~40岁的用户占比较高,他们的消费能力也普遍较高。

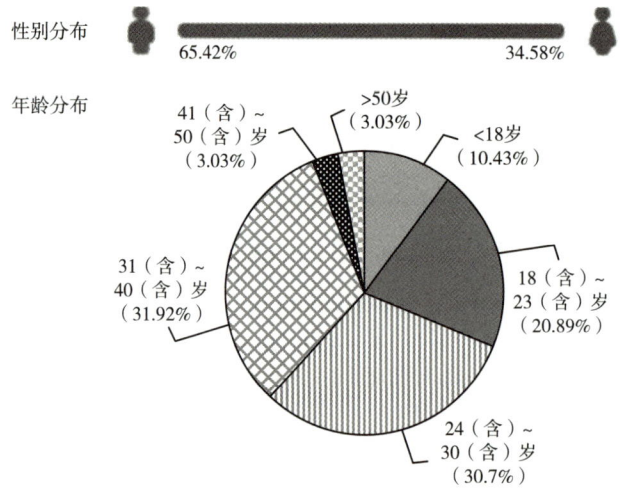

图8-14 某直播间用户分布数据

图8-15所示为某场直播的粉丝活跃时间分布数据,在时间分布上,可以看出粉丝活跃度最高的时间段是周日,其他工作日活跃度普遍偏低。

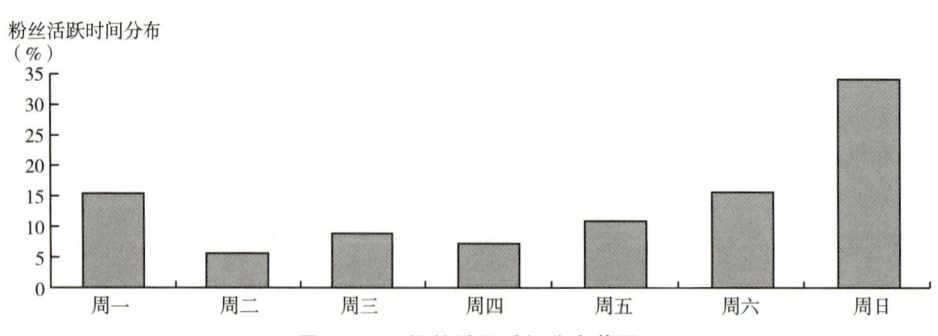

图8-15 粉丝活跃时间分布截图

直播间粉丝来源主要分为四大类，分别是：同城、粉丝、视频推荐、其他。
（1）同城指通过同城推荐进入直播间；
（2）粉丝指通过粉丝推荐和关注页面进入直播间；
（3）视频推荐指通过主播的短视频推荐、他人短视频推荐进入直播间；
（4）其他指通过直播广场推荐、品牌广告投放、外部引流等多种方式进入直播间。

图8-16所示为该场直播用户来源数据，由图中数据可知，"粉丝"来源占比只有14%，主播可在后续直播中提高粉丝活跃度，引导粉丝推荐和分享直播。

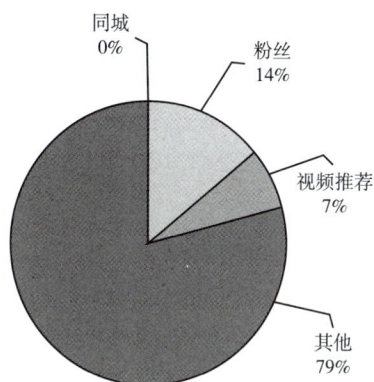

图8-16 用户来源数据分布截图

> **知识链接**
>
> 互动率是具有视频举荐的重要指标之一（另外一个指标是完播率），由点赞率、评说率、转发率三部分构成。
>
> 抖币，是粉丝在打赏时候的计量单位。它不能直接提现为人民币，但却需要以人民币的形式充值，然后兑换成抖币，才能在抖音打赏主播，最后成为音浪。

8.2.2 互动数据指标

直播间的互动率也是一个很重要的权重指标，一般来说在3%~10%是正常的，也就是说如果一场直播有5 000人看，评论数至少要达到150条，才算是一个正常的直播间。

因为互动数据会影响流量，所以会看到直播间里面会有这样一些话术提问。

例如，"这款口红你们用过吗？用过的扣1，还有想要的，后台统计一下有多少人打算要，我们决定上多少件。"其实他决定上多少件，真的是让运营先统计的吗？其实都是主播为了提升直播间用户与主播互动率的直播话术。

简单地说，互动数据指标主要包括累计点赞数、累计评论数、音浪、新增粉丝团、涨粉数等指标。

（1）累计点赞数，是指整场直播间点赞数，其作用与视频点赞的作用类似，点赞的数量越多，则说明直播间的互动越频繁，官方则会推送更多的流量进入直播间（见图8-17）。

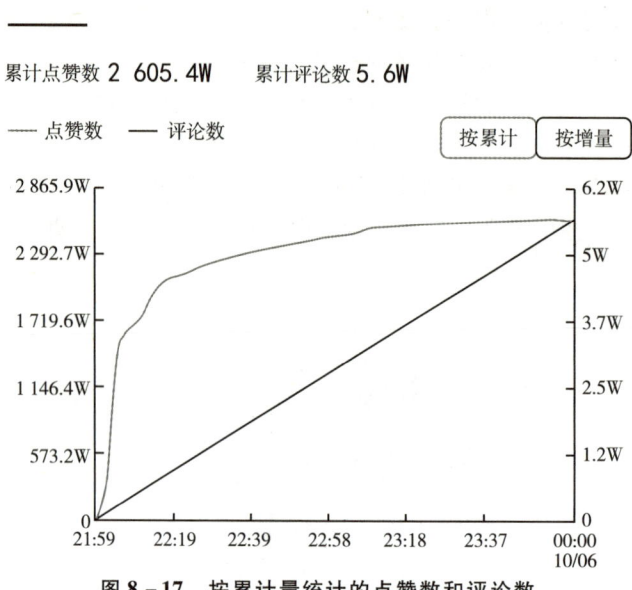

图 8-17 按累计量统计的点赞数和评论数

（2）累计评论数，是指整场直播间主播和用户的互动评论数，其作用与累计点赞数作用类似。

（3）音浪，是抖音的一种虚拟货币，在主播直播时观众会打赏礼物，然后抖音平台会将礼物换算成音浪赋予主播，主播可以将获得的音浪通过抖音"钱包"进行提现。

例如，抖音音浪的兑换比例是1∶10，也就是1元等于10音浪，1音浪等于1角（见图8-8）。

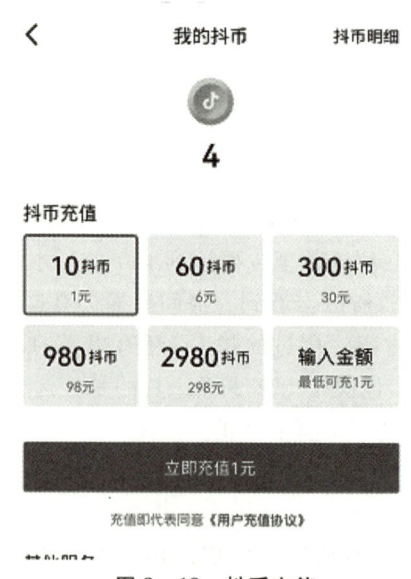

图 8-18 抖币充值

> **知识链接**
>
> 　　抖音直播音浪收益，平台和主播分成的比例大概是各50%左右（公会签约主播），如果要进行提现，需要扣除一部分手续费，大概3%左右。主播得到的音浪，最后折算到手的钱（扣除平台的分成和手续费），公式如下：
>
> 　　1音浪＝0.047元，1 000音浪＝47元，10 000音浪＝470元。

（4）新增粉丝团（见图8-19）。粉丝团是粉丝和主播的一个专属组织，用户加入粉丝团，会受到主播更多的关注，主播可通过粉丝团更好地维护粉丝，与粉丝互动。

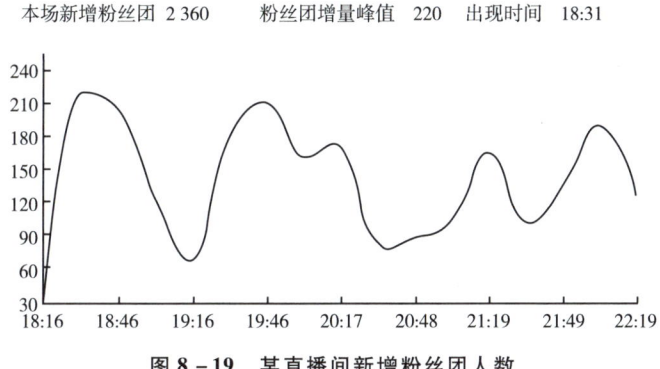

图8-19　某直播间新增粉丝团人数

（5）涨粉数。涨粉数据包括"本场涨粉"（本场直播新增粉丝人数），以及新增粉丝走势图。

> **知识链接**
>
> 　　很多同学认为点赞和音浪一样，是可以换钱的。其实二者是有区别的。音浪相当于主播从直播平台上所赚取的钱，而点赞则是主播直播间气氛活跃度的一种体现。用户给主播点赞是免费的，同时主播也不能用点赞来换钱，而音浪则需要用户充钱。

> **思政小课堂**
>
> 　　冲动消费、天价打赏给用户造成了很大的经济负担，也引发了法律纠纷和社会负面影响。诸如"9岁女童打赏主播花光家里10万元彩礼""会计侵吞公款930万元打赏女主播"事件频现。大众和社会舆论为之震惊，纷纷批评直播打赏乱象。作为消费者，在看直播时应该多一些理性思考，不攀比、不跟风，遏制天价打赏和冲动消费现象。

> **课堂讨论**
>
> 你怎么看待"合肥男子不给孩子买奶粉却打赏主播12万元"这一事件的。

8.2.3 成交数据指标

成交数据指标也被称作电商权重。成交交易指标大体能反映出一个直播间的价值属性。从算法判断的角度也是恒定直播间能否有效转化用户的重要维度之一。成交数据交易指标中最为重要的就是点击转化率,实时转化率是影响推流的核心指标,也就是我们常说的接住了流量。实时转化率越高,推流就越高。

> **知识链接**
>
> 电商权重的高低,本质上是对店铺或者商品流量获取能力的评估,实际体现的是店铺或者商品的各项指标是否优秀(一般情况下是跟同行对比),它包括各个方面的指标,比如店铺层级、店铺DSR、商品好评率、转化率、客单价、停留时长、加购率、收藏率等。

成交数据指标,主要包括总销量、总销售额、带货转换率、UV访客价值等指标。由图8-20可见,该场直播带货转化率为0.44%,因为商品点击转化率较低,为2.98%。

带货数据

85.6w	4.2w	20.41
本场销售额	销量(件)	客单价
上架商品 9	带货转化率 0.44%	uv价值 0.12

图 8-20 某直播带货数据

1. 总销售额

总销售额也就是GMV,其通用公式为:销售额 = 流量 × 转化率 × 客单价。销量和销售额反映了本场直播的带货效果。其中,销售额是最能体现直播带货能力的数据指标。从每场直播的销售额可以看出一段时间内的直播带货效果是否稳定。一旦出现数据下滑的趋势,就要找出原因,调整策略,保证直播数据的稳定性。

2. 商品转化率

商品转化率是一定时间段内所有进入到店铺内的买家与店铺购买成交得到的比值。它衡量的是我们直播间的真实购买力。公式为:转化率 = 总购买人次/总访问人次 × 100%。

商品转化率也反映了主播的带货能力,同时也是挑选主播的一个标准。1%以上合格,3%以上中等偏上,5%以上优秀,有一点需要注意的是,因为明星自带流量,所以明星直播间的带货转化率一般在0.5%以下。

> **名词解释**
>
> 转化率是指单场直播新增粉丝数/累计观看人数,反映直播间整体内容是否有价值,也反映新增长的潜力。

> **知识链接**
>
> 商品转化率数值过小时,可能存在以下问题。
>
> 1. 标签混乱
>
> 进入直播间的用户人群定位不清晰,即使有着高场观,但转换率依然很低,用户没有购买力。
>
> 2. 直播间留存度低
>
> 直播间主播的状态、营销以及逼单的话术不到位,需要进行优化调整。
>
> 3. 新账号流量小且不精准
>
> 建议进行小预算多频次投放测试,需要根据人均停留时长、成单率等指标来优化流量承接转化效率,调优后可逐渐扩大投放。

3. UV 价值

UV 是访客,价值是访客所带来的贡献,UV 价值即平均每个进店访客产生的价值,其中的销售额包括直播间商品的成交额,也包括用户给主播刷礼物的金额。在直播营销中它代表的是单个用户给直播间贡献的价值。UV 价值 = 销售额/访客数。

UV 价值越大,产品越迎合消费者需求,有打造爆品的潜质。如果 UV 价值高的店铺,就证明了客人进店铺之后的消费情况都比较理想,也就是说,可以在一定的人流量上获得更多的销售,当然利润也就更可观。

> **名词解释**
>
> PV(访问量),即 Page View,具体是指某一个页面或者店铺的浏览量。
>
> UV(独立访客),即 Unique Visitor,访问网站的一台电脑客户端为一个访客。根据 IP 地址来区分访客数,在一段时间内重复访问,也算是一个 UV。

4. 转粉率

直播间转粉率即新增粉丝数量占比观众总数(见图 8-21)。换句话说就是点击进入直播间的新粉有多少人关注了主播。

当用户因兴趣进入到某个直播间,从兴趣到转粉,再到购买下单,对于很多直播间转化来说都是一个逐步建立信任的漫长过程。

一场直播包含开场、观众互动、情感交流/才艺展示/产品介绍、玩法互动(连麦/PK)、抽奖、预告等模块。直播期间,新增粉丝的比例转粉率也是可以衡量直播间能不能抓住粉丝的胃口，主播可相应设置些互动小游戏、直播间福袋、秒杀款、"关注即可抢红包"等规则吸引用户关注。

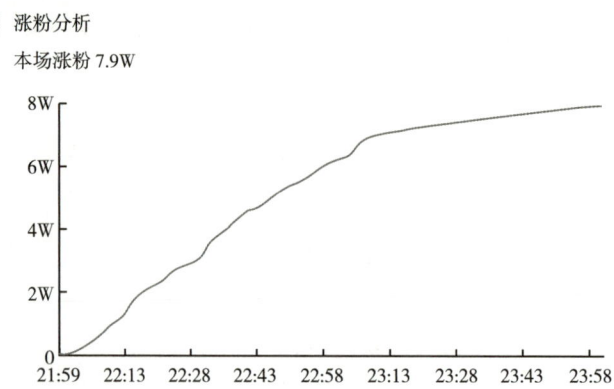

图 8-21 某直播间的涨粉率

> **知识链接**
>
> 转粉率的计算公式：转粉率＝新增粉丝数/（观看人数－粉丝回访），刚开播的新主播，转粉率一般在 3%~5%。假设新点进直播间的有 1 000 人，最终 50 个关注了，转粉率就是 50/1 000＝5%。

8.2.4 人气数据指标

1. 总场观

总场观即每场直播的总观看人次，是一个很重要的数据。如果可以统计所有渠道的流量，并进行区分，即可统计到哪个渠道的引流效果最好，下次直播可加大宣传力度。其次，根据观看人数的数值，分析哪个时间段的观众最多，什么样的话术和直播形式更受观众欢迎。

2. 在线人数

在线人数是指直播间在直播的时候，同时在线的人数（见图 8-22）。它代表着直播间到底有没有成交转化能力。一般来讲，直播间如果能稳定在 50 人左右，就说明直播间可以

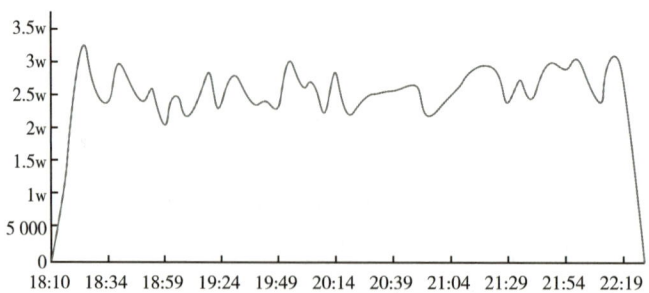

图 8-22 某直播间在线人数

有不错的变现能力。

观看人数是指直播间从开始到结束，总共有多少人观看过，在线人数越多，观看人数也就越多。

3. 平均停留时长

平均停留时长＝直播中总停留时长/直播中观看人数，时长需要达到 1 分钟，较好一些的可以达到 3 分钟，5 分钟优秀，7 分钟非常优秀。

用户停留时长其实就是直播内容吸引力的体现，而且相比以上两点，停留时长数据越好，直播间的权重也就越大，受到直播广场推荐的机会也就更多。

因此为保证直播间热度，可以使用"整点抽奖""增加引流秒杀款投放比例""福袋"等互动玩法来增加直播间趣味性，从而提高观众停留时长（见图 8－23）。

图 8－23　某直播间直播数据

人气指标包含直播间观看人数、最高在线人数、平均在线人数等，是直播间整体流量的体现，而人气指标会受到互动指标和商品指标的影响。

这些人气数据都反映了直播间的留存能力，在线人数越多、平均观看时长越长，说明直播间的内容越吸引人，与主播的留人技巧息息相关。

> **课堂讨论**
>
> 选择某一直播平台观看一场直播，看一看在直播中可能会出现哪些数据。

8.3　直播复盘

直播的结束，并不是一场直播活动的终结，直播团队还需要进行直播复盘。总的来说，就是通过复盘直播数据，了解直播哪里做得好，哪里做得不好，下一场直播继续努力，不断提高直播质量和直播效果。同时，也可以检验直播团队提供的解决方案是否有效，并进一步优化方案。

一般情况下，直播复盘思路分为 5 个步骤：

直播复盘

（1）回顾目标：查看直播预定目标是否达到；
（2）结果对比：找出直播过程中的亮点和不足、发现问题、解决问题；
（3）分析原因：分析本场直播成功或失败的原因；
（4）经验总结：团队成员展开复盘回忆，主观输出可复制案例、改进措施、实施新措施、避免再犯错；
（5）复盘归档：记录直播数据、整理存档案例。

8.3.1 归纳直播问题

归纳直播问题，可以将直播团队成员主观发现问题和通过数据分析客观发现问题两种方式相结合，以便全面、准确地发现直播活动中存在的问题。

1. 团队成员主观发现问题

直播团队成员可以凭借自身的经验结合自己所负责岗位参与直播活动的工作经历，快速地发现整场直播活动中哪个环节或哪个方面存在不足。

2. 数据分析客观发现问题

直播团队成员的主观判断能够快速找到直播活动存在问题的方向，但不足以准确地发现问题，此时，直播团队可以借助数据分析将直播活动中存在的问题具体化。

数据分析复盘主要会用到两个表格，一个表格是直播基础数据记录；另外一个表格是单场直播复盘表。下面重点讲解数据分析复盘的具体步骤：

第一步：制作基础数据记录表

表格分三个维度进行数据记录，分别是直播数据、电商数据、投放数据。

1. 直播数据

直播数据包含场次、日期、直播时长/小时，单场的 PV（页面浏览量）、UV、粉丝流量占比、评论人数占比、在线人数峰值、平均在线人数、粉丝人均观看时长、新增粉丝数、粉丝团总人数、转粉率，如表 8-1 所示。

表 8-1　　　　　　　　　　直播数据复盘记录表

场次	日期	时长	PV	UV	粉丝流量占比	评论人数占比	在线人数峰值	粉丝团总人数	转粉率

2. 电商数据

电商数据包含成交人数、销售额、转化率、粉丝下单占比、UV 价值、客单价，如表 8-2 所示。

表 8-2　　　　　　　　　　电商数据记录表

成交人数	销售额	转化率	粉丝下单占比	UV 价值	客单价

3. 投放数据

一般投放的数据是由投手单独记录，需要记录更细致的数据，这里的汇总数据主要是记录几个重点数据，包含消耗、订单数、GMV、流量、1 分钟停留、ROI，如表 8-3 所示。

表 8-3　　　　　　　　　　　投放数据记录表

消耗	订单数	GMV	流量	1 分钟停留	ROI

第二步：对数据进行整理分析

对单场直播进行复盘，需要对第一步记录的大量数据和信息进行整理分析，从直播吸引力、直播销售力、直播流量、短视频、产品等维度来逐一进行整理分析，制作直播复盘表，为这场直播的数据概览做准备。

第三步：总结数据，形成执行清单

通过总结直播数据，归纳在直播过程中出现的问题，并一一记录，针对不同的问题提出相应的解决对策。

直播不是一个人的单打独斗，而是一群人的并肩作战。每个人都需要和团队成员保持同频，进行集中复盘。通过成员主观发现问题、通过数据分析客观发现问题，把以上的数据分析结论，进一步形成具体的执行任务，并且需要明确具体的负责人，务必执行到位。

8.3.2　分析直播问题

一场好的直播复盘除了要学会利用直播数据归纳直播问题外，复盘时还需要对问题进行分析，才能将直播运营越做越好。本部分主要介绍直播复盘的主要内容盘点。

1. 总结主播状态

总结主播状态时，首先要看主播是否重视本场直播，开播前是否做好充足准备，是否充分了解商品的卖点信息，是否熟悉直播脚本与话术，妆容及穿着是否适宜；如果以上某一方面存在问题，主播就需要及时调整状态，在下一场直播中避免出现类似情况，并不断总结经验，提高直播能力。

2. 总结团队配合情况

副播是否存在与主播配合不佳、商品细节展示不清晰、用户问题回复或者解决不及时等问题。场控是否存在商品上下架操作失误、优惠券发放不及时、库存数量修改错误等问题。助理是否存在道具准备错误、与主播的互动不及时、声音不够洪亮等问题。

3. 分析直播销售数据

销售数据能充分体现直播带货的效果，直播间的高销量商品可以反映用户的购买意愿。如果直播间在一段时间内的销售数据出现下滑的趋势，就要尽快找出原因、调整策略，才能保证直播数据的稳定性。

4. 汇总直播间用户评论

直播团队通过汇总直播间用户的评论，可以了解用户感兴趣的话题。另一方面，可以通过用户对各商品的咨询情况，了解哪些商品受欢迎，为下次直播选品做参考。

5. 回顾直播间人气变化

结合回顾当场直播间进场人数和在线人数等数据，分析用户进入直播间的时间段，从而分析哪种直播话术和直播形式更受用户欢迎。或者根据直播间用户流失的数据，结合该时间段的直播内容，分析大量用户离开直播间的原因。

6. 理解平台规则

直播平台规则的更新也会对直播间的权重产生一定影响，因此直播团队在进行直播复盘时，还应准确理解平台规则，如理解直播平台的流量推荐规则，熟悉直播平台违规内容规定等，以便更好地利用直播平台的推荐机制，获得更多精准的流量。

8.3.3 直播间的优化

直播成为人们生活中的一部分，而直播不仅用于泛娱乐之中，也可以为人们提供更加方便的购物方式。但对于刚刚迈入直播行业的新商家来说，花了很大工夫，成交效果却甚微。为了提升直播效果，用户在进入直播间之后，需要优化的链路环节有三个（见图8-24）：首先提升直播间停留，让后续下单成为可能；其次，引导用户互动，提升直播间热度，为直播间带来更多流量；最后，引导用户下单，提升直播间订单转化率。

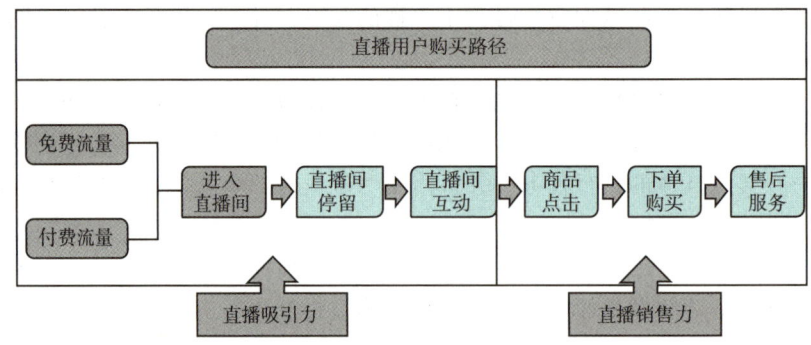

图8-24 直播间用户购买路径

> **知识链接**
>
> 直播间流量来源：付费流量，免费流量，短视频流量。

1. 提升直播间停留

降低流失率是提升用户留存的关键，让更多用户留下才有发生互动和转化的机会。用户在直播间停留的时间越长，说明直播间的吸引力越强，可后续转化的可能性越高。直播停留是一切数据优化的起点，所以在做好直播前，可以从以下4个方面来提升用户直播间停留。

（1）直播间排款留人。

第一，1到5号商品设置区间价，主图放主推款凸显产品高性价比，吸引点击停留；

第二，放低单价的福利品设置为已抢光，定时定点上福利，既能补成交密度也能留存新人粉丝；

第三，所有商品设置已抢光。前三个商品设低单价，全场不进行正常讲解，主推产品加互动加库存再上架。有利于提升直播间的互动停留，提高商品点击率。

（2）视频预热留人。做预热视频时，可以通过特色产品、特色玩法、多重优惠福利等方式告知粉丝，并保证长期稳定的高频开播，在账号主页设置直播信息预告（见图8-25）。

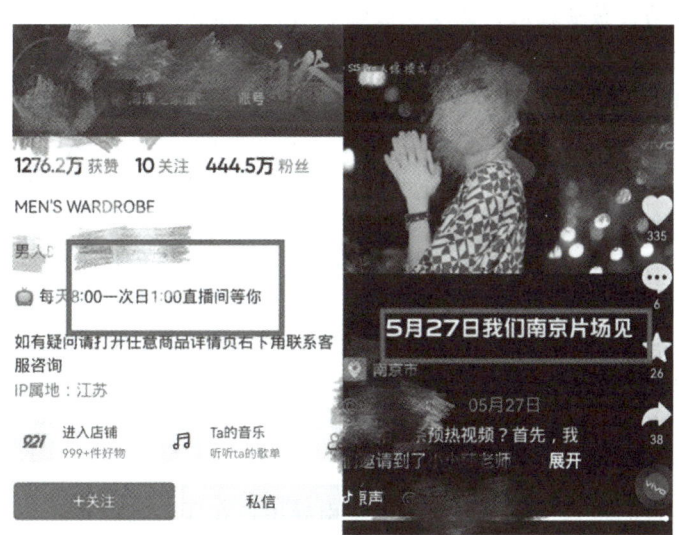

图8-25　直播信息视频预告

（3）直播间布景留人。清晰明了的直播背景、明亮的灯光、衣着得体精致的主播才能让观众拥有一个良好的视觉体验。直播间布置（见图8-26）主要包括产品台的高度、产品出现的页面位置、打光的方向、主播出现的位置、货架的陈列、有趣的道具使用以及背景墙的展示等。

图8-26　直播间场景布置

另外，除了视觉方面的布置之外，有些还会设置背景音乐，助播喊麦等。从视觉和听觉两个维度来提升直播间的专业性和趣味性，从而达到提升用户停留的目的。

（4）福利留人。直播间有各种福利小工具可以使用，比如福袋、定点秒杀、抽奖、福利放送等。直播间的这些小活动都要贯穿整个直播间，让不同时段进来的人都能够享受到不同阶段的福利。

另外，为了让福利内容更加凸显直白，可以将其展示在战备背景等地方，让用户进入直播间一眼就能看到，提升用户对于直播间的黏性。

2. 提升直播间互动

直播互动是留住观众的根本，如果只是一味地展示商品，会让观众感觉索然无味而离开直播间，适当的互动会激励观众、调动积极性从而实现购买。

以下是提升用户直播间互动的技巧：

（1）主动与用户互动交流。当直播间人数较少时，可以和直播间的用户逐一互动，回答每一个用户的问题，并且可以针对一些代表性的问题进行着重讲解。

当直播间人数较多的时候，可以引导用户点赞、关注或者加入粉丝团，并且告知用户点赞到一定量级之后会释放红包、秒杀款等福利。

（2）引导用户评论。在直播过程中经常问用户一些简单的问题，让用户参与到互动中来，比如卖衣服的有些会说"粉色款想要的可以直接在评论区扣1"。

有时可以在介绍产品价格前卖个关子，"大家觉得这款条纹经典款呢绒大衣需要多少钱？"

总之，整个讲解过程中可以穿插很多问题，让用户互动起来，这些问题可以在开播前提前整理好，熟练了就能明白其中的道理与逻辑。

（3）话题讨论。在讲解过程中，可以适当开玩笑，或者讲到某些关联性的东西时，加入一些自己所经历过的槽点，通过创造话题来引导用户在评论区进行互动。

知识链接

主播直播间互动玩法小技巧：

（1）引导关注——引导关注话术+自定义福袋抽奖且一键加关注。

（2）卖货成交——产品催单话术模板：介绍产品+对应链接+机制/领券/福利点+感性话术。

参考案例：

针对补水面膜，推荐23号链接，买就加赠5片海冰面膜，一次性带走25片面膜。如果手速够快。在前200名就送10片海冰面膜，一次性带走30片。领10元专享券，159-10，只要149元，每片不到5元！如果你在直播间互动参与抽奖，将有机会领取159-50，到手只要109元。心动不如行动，赶紧下单吧，补水面膜，护肤必备，可以和老公、妈妈一起敷，一起变美。

（3）抽奖玩法——不提前剧透抽奖具体规则，引导粉丝停留直播间。

参考案例：

宝宝们，点赞到××的时候，我们有一轮抽奖哦，我先卖个关子是什么奖品，大家积极点赞，到时候再揭晓。

（4）加强玩法——在直播间里设置小任务。

参考案例：

宝宝们，点赞到××，让运营小哥给大家敷面膜；

现在在线人数还太少了，大家把我们直播间多多分享出去，当在线人数达到××的时候我们给大家抽奖。

3. 提升直播间转化

对于直播人员而言，转化率是非常重要的核心点，因为转化率的高低不仅决定单场直播的效率和质量，还决定直播间的存活。进行直播带货时，怎样才能提高直播间的转化率？

（1）根据观众喜好选择产品。直播带货时，选品的好坏直接影响直播带货的转化率和利润。选品时要切合粉丝人群，在选品上把好关。直播结束后，通过复盘发现直播间曝光量和点击量最高的商品，了解直播间观众喜好，从而调整下次直播选品。

（2）主播形象气质与产品相符。每个产品品类的主播都有各自不同的风格，主播并不是越惊艳就越好，而是要找到主播和产品之间的适配感，让产品和主播的风格调性保持一致，这样直播间用户对于产品的信任度会大大提升，这样直播间订单的转化也会随之提升。

例如，一些卖文玩的主播，大部分都会穿上一些传统的服饰，当刷到这样的直播间时，文化属性一下就彰显出来，这样卖文玩用品，就更能得到用户的信任。

（3）找到精准流量。流量是提高直播间商品的转化率的前提。如果流量多且精准，商品转化率就会更高。除了做好内容，提升直播间质量外运用好引流辅助工具也是关键。

例如，抖音直播间带来精准流量最快、最有效也最稳定的方法就是投放巨量千川（见图8-27）。但需要注意的是，巨量千川投放人群定向越精准，就意味着其广告所覆盖到的人群数量就越小，整个投放计划的跑量难度也会更高，获取精准用户的成本也就越高，即出价更高。因此商家最好对千川投放进行即时的消耗评估，以便及时进行调整，避免不必要的金额损失。

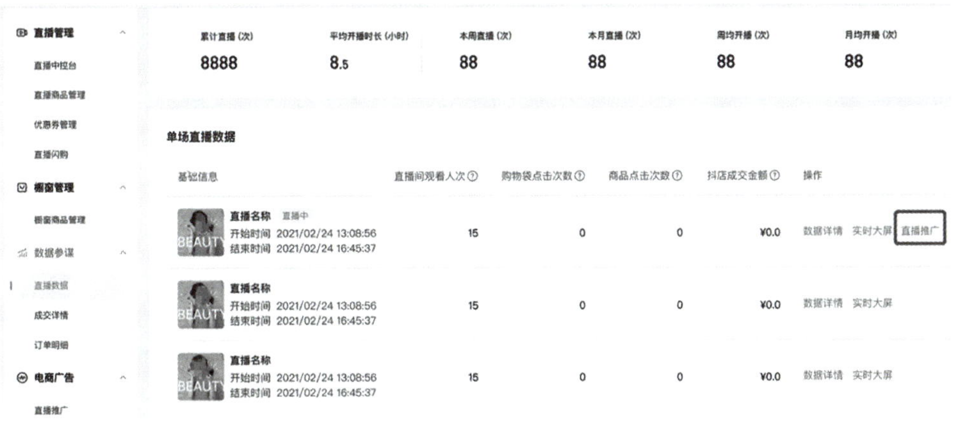

图8-27 引流辅助工具-巨量千川

> **知识链接**
>
> 巨量千川是巨量引擎旗下的电商广告平台，为商家和创作者们提供抖音电商一体化营销方案。是把短视频带货和直播带货的推广方式整合到一起的一个电商推广后台。

（4）提升主播专业度。在直播间，主播的专业度是影响直播间产品转化率的关键。如果主播准备不充分，在直播过程中对产品了解不够，在解说过程中经常会出现失误，观众没有和主播建立起来信任，转化率自然不会高。

因此，主播必须清楚描述产品卖点，提供观众想知道的信息。直播结束后，要及时进行审核，发现直播间异常数据，根据这些数据和记录，及时在对话和直播间进行调整。

直播电商行业，不是一个人的单打独斗，而是一群人的并肩作战。我们常说：一个人走得很快，一群人走得很远。在现代的工作中团队协同至关重要。团队成员要各司其职，做好明确的责任划分，创造一个积极的，相互帮助的，互相信任的团队氛围。

> **知识链接**
>
> 主播人设定位五部曲：
> 我是谁——"我是10年服装连锁店的买手"；
> 面对谁——"面对172高个子女生穿衣困扰"；
> 提供什么产品/服务——"提供简约、有设计感的服装"；
> 解决消费者什么问题——"她们因为个子高难买衣服"；
> 给消费者带来什么好处——"帮助她们买到适合自己的衣服"。

> **课堂讨论**
>
> 你看过气氛不活跃、观众互动率低的直播吗？你对这场直播有哪些改进建议。

实战演练

一、单项选择题

1. 性别分布、年龄分布、地域分布、活跃时间分布、粉丝来源等属于（　　）。
   A. 互动数据指标　　B. 成交数据指标　　C. 人气数据指标　　D. 粉丝画像指标
2. 直播期间，有多少人关注了账号是指（　　）。
   A. 观众总数　　B. 新增粉丝数　　C. 付费人数　　D. 互动人数
3. 这款口红你们用过吗？用过的扣1，还有想要的，后台统计一下有多少人，打算要……这类直播话术属于（　　）。
   A. 互动数据指标　　B. 成交数据指标　　C. 人气数据指标　　D. 粉丝画像指标
4. 新快支持的数据服务平台是（　　）。
   A. 抖音　　B. 小红书　　C. B站　　D. 快手
5. GMV是指（　　），其通用公式为：销售额＝流量×转化率×客单价。销量和销售额反映了本场直播的带货效果。
   A. 商品转化率　　B. 总销售额　　C. UV访客价值　　D. 转粉率

二、多项选择题

1. 在日常分析中，复盘总结表主要包括（　　）。

A. 粉丝画像指标　　　　　　　　　B. 互动数据指标
C. 成交数据指标　　　　　　　　　D. 人气数据指标
2. 直播间粉丝来源主要包括（　　　）。
A. 同城　　　　B. 粉丝　　　　C. 视频推荐　　　　D. 其他
3. 以下属于第三方数据分析工具的有（　　　）。
A. 飞瓜数据　　　B. 抖查查　　　C. 蝉妈妈　　　D. 小蚂蚁
4. 一般情况下，直播复盘思路分为 5 个步骤，分别是回顾目标、结果对比、分析原因、（　　　）。
A. 复盘归档　　　B. 经验总结　　　C. 直通车数据分析　　　D. 直播时长回顾
5. 基础的直播数据记录表主要包括（　　　）。
A. 直播数据　　　B. 电商数据　　　C. 投放数据　　　D. 在线人数

三、判断题

1. 抖币，是粉丝在打赏时候的计量单位，它能直接提现为人民币。（　　　）
2. 直播间互动率是具有视频举荐的重要指标之一（另外一个指标是完播率），由点赞率、评说率、转发率三部分构成。（　　　）
3. 直播间点赞和音浪一样，是可以换钱的。（　　　）
4. 抖音巨量百应平台只用于橱窗商品管理，不可以看直播数据。（　　　）
5. UV 价值越大，说明这个产品越能迎合消费者需求，有打造爆品的潜质。（　　　）

四、名词解释

1. 直播复盘
2. UV 访客价值
3. 转粉率
4. 粉丝画像
5. 粉丝

五、操作题

1. 如何提升直播间的转化率？
2. 请写出不少于 4 点提升用户在直播间的停留时长的方法。
3. 根据所学知识，谈谈如何才能做好直播复盘总结，提高直播质量和直播效果。
4. 选择一款直播工具，获取你最喜欢的主播的直播营销数据，制作一份基础直播数据表，总结分析其直播间数据，并撰写一份简要的直播复盘总结。

9 抖音直播实战操作

▶ **知识目标：**

1. 认识抖音直播，了解抖音平台的特点及流量分配原则
2. 掌握开通抖音直播的条件及正确设置直播预告信息
3. 掌握添加精选联盟商品、添加第三方平台商品及商品橱窗管理
4. 了解直播间的互动玩法和更多设置

▶ **技能目标：**

1. 能够利用抖音平台开展直播
2. 能够进行产品上架、商品橱窗管理、添加精选联盟商品等基本操作
3. 能够登录直播后台查看并分析直播数据

▶ **思政目标：**

1. 自觉承担传播正能量的义务，加强网络责任教育
2. 不断提升专业能力和道德品质，取得持续性的发展

知识概览：

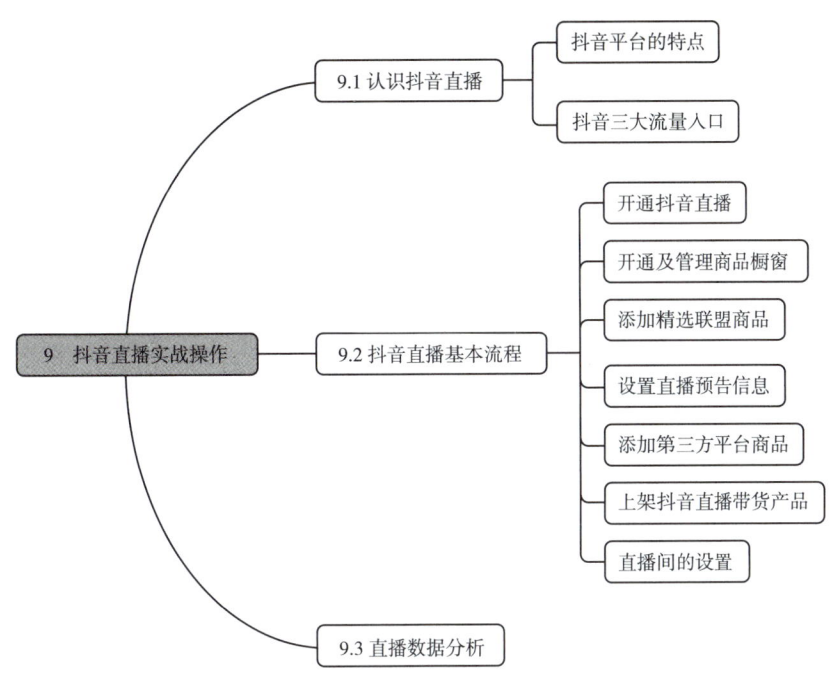

情境引入

小李通过电商平台直播了一段时间后，为公司积累了一定数量的粉丝，也提升了一些销量。这时领导让小李也在抖音平台开通账号，多平台同时发力，同步直播，为公司争取更大的效益。小李又犯愁了，之前只知道一些零散的抖音直播的知识，具体的系统性的操作却接触甚少，小李能够顺利完成领导安排的工作任务吗？

抖音是一个典型的内容电商平台，主要的变现渠道有广告、电商和用户付费，而直播是内容电商的变现形式之一。要想在抖音平台开展一场高质量的直播，快速变现，就要做好直播内容的定位，向用户提供有价值的内容，从而吸引越来越多的用户关注。同时，也要通过选品、引流、上架商品和商品讲解来带货，并做好直播间的粉丝互动与运维，不断提升直播的影响力和变现能力。直播结束后，要认真分析与总结直播中的各项数据，优化出现的各种问题，以获得更好的直播效果。

9.1 认识抖音直播

抖音是由今日头条孵化的一款音乐创意短视频社交软件，于 2016 年 9 月上线。用户可以通过这款软件选择歌曲，拍摄音乐短视频，创作自己的作品。抖音娱乐属性明显，具有流量大和用户活跃度高的优势。随着平台的不断发展，抖音的用户量不断攀升。2018 年 5 月抖音正式启动电商业务，

认识抖音直播

如今，直播和短视频融合发展，抖音平台不只在短视频领域发展势头较好，在直播电商方面也与京东和快手展开了激烈的竞争。在未来，抖音直播电商必将迎来更大的发展机遇。

9.1.1 抖音平台的特点

1. 短、平、快

抖音短视频的时长一般很短，创作周期短，制作门槛低，每个人都可以创作，而且视频的浏览速度快，一般在 10～20 秒。抖音默认打开的是"推荐"页面，只需用手指轻轻一划，就可以播放下一条视频，用户的不确定感更强，更吸引用户观看，从而打造出沉浸式的娱乐体验。

2. 用户群体量大

抖音平台的用户群体量大，截至 2020 年 9 月，连同抖音火山版在内，抖音的日活跃用户量突破 6 亿人次，用户更加多元化，活跃度高，使用频率高，用户对抖音平台的黏性不断增强。

3. 能够进行精准推送

抖音平台可以利用画像分析用户的兴趣爱好，进行有针对性的推送，不仅能减少对用户的干扰，还可以帮助广告主找到精准用户。

4. 霸屏模式

抖音采取霸屏阅读模式，降低了用户注意力被打断的概率，而且抖音没有时间提示，用户在观看视频时很容易忽略时间的流逝。

5. 互动性强

抖音会定期推出视频标签，引领用户参与到同一主题视频的创作中。这些视频标签激发了用户的创作灵感，用户创作出来的内容具有很高的参与感和娱乐性，被其他用户分享的概率也大大提升。

> **课堂讨论**
>
> 你认为抖音平台最大的特点是什么？如果想在抖音开展直播，有哪些注意事项？

9.1.2 抖音三大流量入口

要想运营好抖音直播，首先要了解抖音直播的流量入口。抖音直播目前有三大流量入口，分别是推荐页、关注页、同城页。

1. 如何上推荐页

抖音的播放机制和微信公众号不一样，没有粉丝照样可以达到推荐，抖音的算法机制包括三方面：流量池推荐、叠加推荐和时间效应。

因此，上抖音推荐页（见图 9-1）有 4 个要点：更新稳定、内容原创且优质、风格独特、互动积极。

图 9-1 推荐页面的直播展示

2. 如何上关注页

要想出现在关注页,就需要得到用户关注,这样用户才能在关注页看到主播的视频(见图 9-2)。并且粉丝越多,从关注页得到的流量也越来越多,接下来讲解 5 个涨粉的技巧。

图 9-2 关注页面的直播展示

(1)体现价值:告诉粉丝关注主播,能为他们带来什么有用的价值;
(2)更新稳定:主播的视频有固定的更新频率和时间,这样粉丝才能知道主播能持续为自己提供价值;
(3)内容丰富:持续创造粉丝喜欢的内容,内容越来越好,粉丝才会越来越多;
(4)领域垂直:提高粉丝的黏性;

（5）提升互动：有利于获得新的粉丝关注，适当推销自己来增加粉丝量。

3. 如何上同城页

同城页（见图9-3），顾名思义就是给本地的用户观看的内容，可以快速获得本地流量。因此，上同城页有3个要点。

图9-3　同城页面的直播展示

（1）第一秒吸睛：在封面和标题上凸显城市信息，第一秒抓住同城信息；

（2）关键因素：无论是短视频还是直播，一定要打开定位，这样本地的用户就能在同城看到；

（3）内容制胜：创作本地新闻，同城美食，同城玩乐大咖等具有强烈本地属性的内容。

总而言之，在抖音这个平台，内容即价值，如果想获得更多流量，主播就要不断地给用户带来更多优质的内容。

课堂讨论

你觉得抖音的哪个流量入口的流量最大？说出你的理由。

思政案例

诸暨市某珠宝首饰有限公司的主播，在抖音平台直播卖货过程中，宣称自己"直播带货中有人没收到货就给了差评，这是××珠宝找人干的；××珠宝的'短发××''柳×生''何大××'等几个主播割韭菜，成本430元的马贝珍珠要卖1 280元"等内容，上述内容为擅自编造的虚假信息，所称的"××珠宝"为另一家从事珍珠及珍珠饰品等销售的企业"浙江××珠宝有限公司"。2022年5月，诸暨市市场监管局作出行政处罚决定，对当事人处罚款500 000元。

[温馨提醒]

《反不正当竞争法》第十一条规定：经营者不得编造、传播虚假信息或者误导性信息，损害竞争对手的商业信誉、商品声誉。当事人的行为违反了《反不正当竞争法》第十一条有关规定，属损害竞争对手的商业信誉、商品声誉的行为。依据《反不正当竞争法》第二十三条相关规定，被处罚款500 000元。

[职业思考]

主播在直播测评、对比商品时，可以对同类商品的性状进行客观描述，但若在无事实和科学依据的前提下，公开对竞争对手的商品进行负面评价，影响其他同类产品的商品声誉、商家信誉的，则属于贬低竞争对手的商业诋毁行为。直播带货并非法外之地，带货主播要恪守诚实信用原则，依法规范直播行为，不能依靠恶意诋毁同行经营者以获取不正当利益，只有这样，才能促进行业健康有序发展。

9.2 抖音直播基本流程

虽然抖音直播与其他电商平台的直播面向的目标消费群体有所不同，但是直播的思路与操作是类似的。下面就从开通抖音直播、开通及管理商品橱窗、添加精选联盟商品、设置直播预告信息、添加第三方平台商品、上架抖音直播带货产品、直播间的设置等方面介绍抖音直播实战操作。

抖音直播基本流程

9.2.1 开通抖音直播

想要开通抖音直播，只需进行实名认证，具体操作方法如下。

（1）打开抖音App，在下方点击 按钮，如图9-4所示。

（2）进入拍摄界面，在下方菜单最右侧选择"开直播"选项，然后点击"开始视频直播"按钮，如图9-5所示。

（3）打开"实名认证"界面，输入直播真实姓名和身份信息，点击"同意协议并认证"按钮，如图9-6所示。

图9-4 点击 按钮

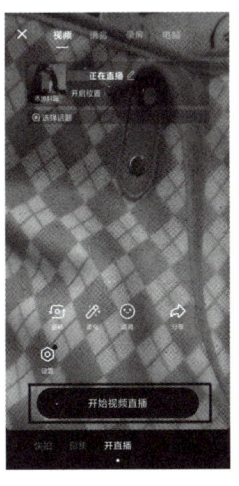

图9-5 点击"开始视频直播"按钮

图9-6 实名认证

> **课堂实训**
>
> 申请一个抖音账号，并为其开通抖音直播功能。

9.2.2 开通及管理商品橱窗

主播要利用抖音直播带货，就需要开通商品分享权限，具体的操作如下。

（1）打开抖音 App，在下方点击"我"按钮，然后点击右上角的"▭"按钮，在打开的面板中选择"创作者服务中心"，如图 9-7 所示。

（2）进入创作者服务中心，找到并点击"商品橱窗"按钮，如图 9-8 所示。

图 9-7 选择"创作者服务中心"

图 9-8 点击"商品橱窗"按钮

（3）打开"商品橱窗"界面，在"权限申请"栏中选择"成为带货达人"选项，如图 9-9 所示。

（4）打开"成为带货达人"界面，如图 9-10 所示。查看申请要求，在满足要求、缴纳保证金且同意协议后，点击"立即申请"按钮进行申请。

图 9-9 选择"成为带货达人"

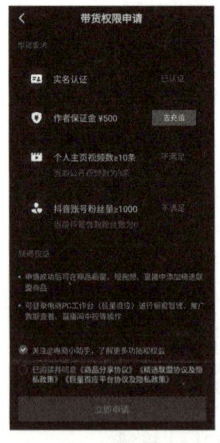

图 9-10 "带货权限申请"界面

（5）系统审核通过后，即可成功开通商品橱窗，此时，抖音个人主页将显示"商品橱窗"按钮，如图9-11所示。点击该按钮，打开"商品橱窗"界面，如图9-12所示。主播在该界面中可以添加商品，进行橱窗管理或根据需要开通抖音小店。

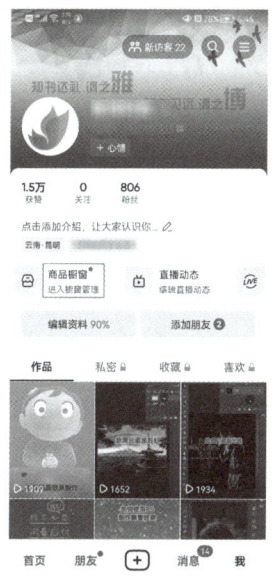

图9-11　显示"商品橱窗"按钮

图9-12　"商品橱窗"界面

（6）点击"橱窗管理"按钮，打开"橱窗管理"界面，点击选商品图片前的复选框，点击下方的"删除"按钮，可以将其删除，如图9-13、图9-14所示。

图9-13　删除商品

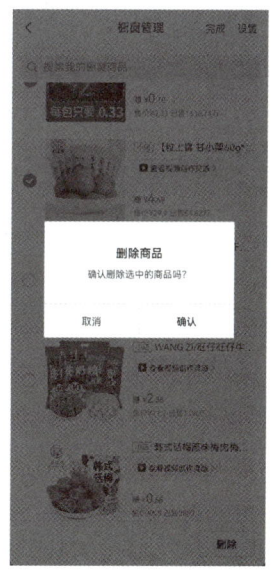

图9-14　确认删除商品

知识链接

主播开通商品分享权限后，可以添加并销售抖音电商精选联盟和京东等第三方平台的商品赚取佣金；如果要添加并销售自己的商品，可以申请开通抖音小店。主播可以在申请开通商品分享权限前，进入"商品橱窗"界面，在"权限申请"栏中选择"开通小店"选项，开通抖音小店并获得商品分享权限。

课堂实训

为所申请的抖音账号开通商品橱窗功能，并添加至少3款商品。

9.2.3　添加精选联盟商品

抖音电商精选联盟是抖音平台为商家和达人合作提供的平台，商家提前为商品设置好适宜的佣金，达人如果认可佣金，并且商品与自身账号定位相符，就可以添加商品进行推广与销售。

主播在开通商品分享权限后，便可以添加抖音电商精选联盟商品，其具体操作如下。

（1）在抖音个人主页中点击"商品橱窗"按钮，打开"商品橱窗"界面，在"精选联盟"栏中点击"橱窗管理"按钮，如图9-15所示。

（2）打开"橱窗管理"界面，在下方点击"去选品广场"按钮，如图9-16所示。

图9-15　点击"橱窗管理"按钮

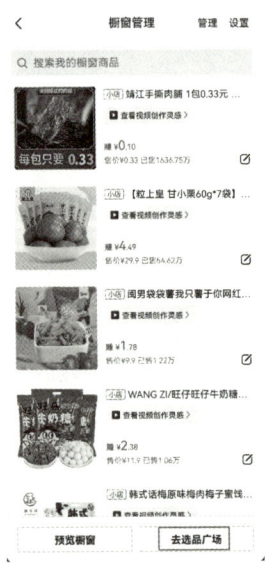

图9-16　"去选品广场"按钮

（3）打开"电商精选联盟"界面，点击"爆款榜"按钮，如图9-17所示。

（4）在打开的界面中浏览并选择直播带货所需的商品，点击"加橱窗"按钮，如图9-18所示。

9　抖音直播实战操作　**165**

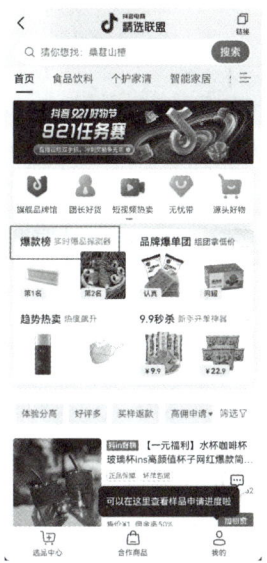

图 9-17　点击"爆款榜"按钮

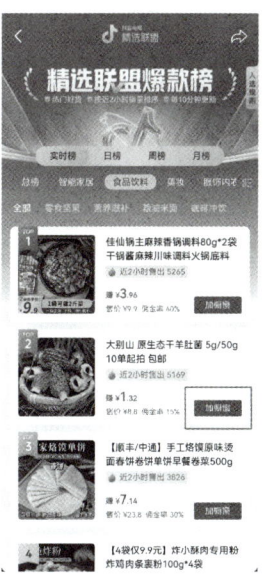

图 9-18　添加商品

（5）除了添加抖音电商精选联盟推荐的商品，主播还可以在"添加商品"界面的搜索框中搜索商品，如图 9-19 所示，然后在搜索结果中点击"加橱窗"按钮添加所需商品，如图 9-20 所示。

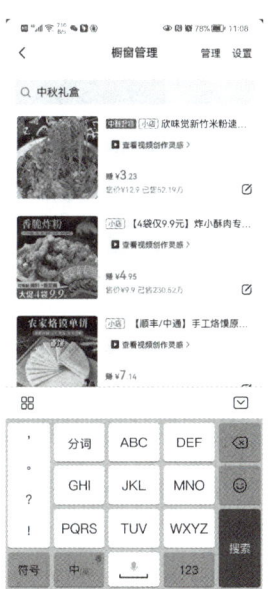

图 9-19　搜索商品

图 9-20　添加所需商品

> **课堂实训**
>
> 在申请的抖音账号中，添加至少3款抖音电商精选联盟商品。

9.2.4 设置直播预告信息

在开通抖音直播前，除了提前发布短视频进行直播预热之外，还可以根据开播计划，提前设置好直播预告时间，具体操作方法如下。

（1）打开"开直播"界面，在上方添加封面、标题和话题，在右侧点击"设置"按钮，如图9-21所示。

（2）在打开的界面中选择"预告直播时间"选项，然后点击"添加"按钮，如图9-22所示。

（3）在打开的界面中设置直播时间和每周直播的频次，然后点击"保存"按钮，如图9-23所示。

图9-21 点击"设置"

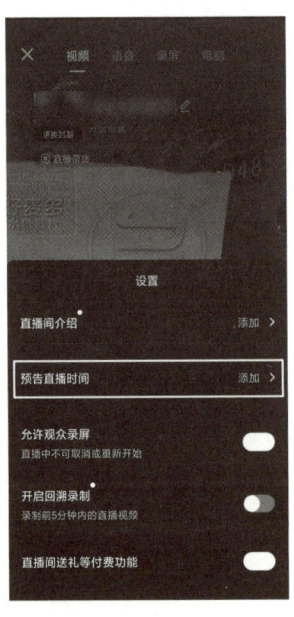
图9-22 点击"添加"

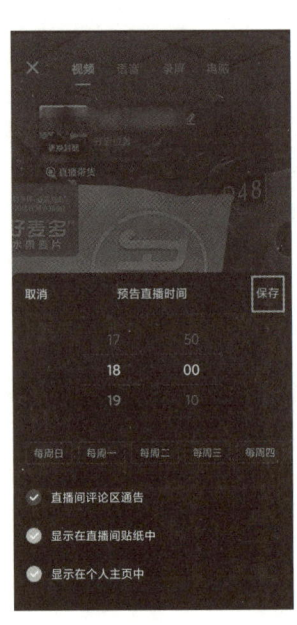
图9-23 设置直播时间和频次

（4）设置完成后，点击"开始视频直播"按钮，如图9-24所示。

（5）进入直播间，可以在直播间的贴纸中看到设置的直播时间，在下方的评论提醒中也可以看到设置的直播预告，如图9-25所示。要想关闭直播，可以在下方点击 按钮。

（6）抖音个人主页的简介中也会显示直播时间预告，如图9-26所示。

图9-24 开始视频直播

图9-25 查看直播时间

图9-26 查看个人主页

> **课堂实训**
>
> 筹备一场直播，提前准备好封面图和直播标题，为直播设置预告信息。

9.2.5 添加第三方平台商品

主播除了可以添加抖音电商精选联盟的商品外，还可以添加京东等第三方平台的商品。添加京东商品时，主播应绑定京东PID，然后在商品库中添加，其具体操作如下。

（1）在抖音个人主页中点击"商品橱窗"按钮，打开"商品橱窗"界面，在"常用服务"栏中点击"账号绑定"按钮，如图9-27所示。

（2）打开"账号绑定"界面，在"京东PID"选项中点击"未绑定"超链接，如图9-28所示。

（3）在弹出的提示框中输入京东PID，点击"确认"按钮即可，如图9-29所示。

> **课堂实训**
>
> 在申请的抖音账号中，添加至少3款第三方平台的商品。

9.2.6 上架抖音直播带货产品

主播在抖音直播间直播带货时，需要将橱窗中的商品添加到购物车中，以便在直播过程中对商品进行讲解或管理，其具体操作如下。

（1）打开"开直播"界面，点击"开始视频直播"按钮，在抖音直播间下方点击购物车按钮"🛒"，如图9-30所示。

（2）在打开的"直播商品"界面中点击"添加直播商品"按钮，如图9-31所示。

（3）打开"添加商品"界面，在所需添加的商品选项处点击"添加"按钮。商品添加成功后，"添加"按钮显示为"取消"按钮，如图9-32所示，然后点击左上方的"＜"按钮。

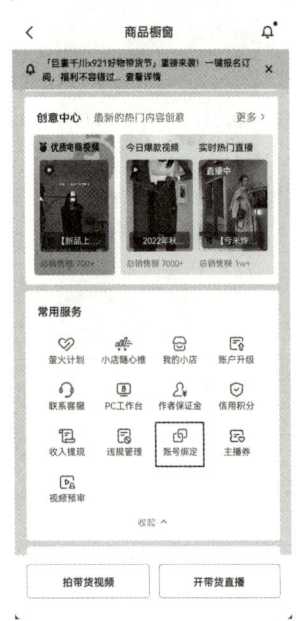 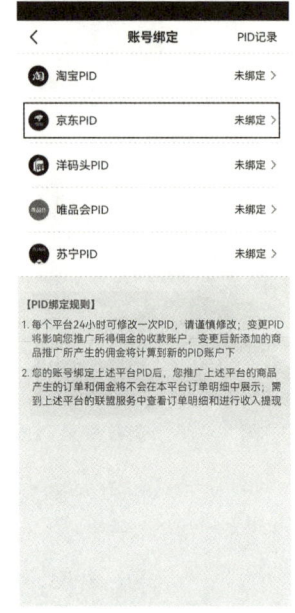 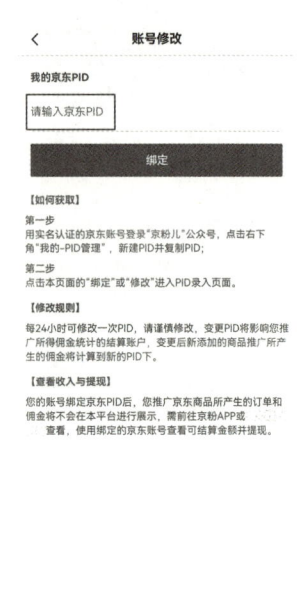

图9-27　点击"账号绑定"按钮　　图9-28　点击"未绑定"超链接　　图9-29　输入京东PID

图9-30　点击购物车按钮　　图9-31　点击"添加直播商品"按钮　　图9-32　添加商品

（4）返回"直播商品"界面，查看添加的直播商品，点击商品选项右下方的"讲解"按钮，表示主播将要讲解该商品，如图9-33所示。此时，"讲解"按钮显示为"取消讲解"按钮，同时用户端将展示正在讲解的商品。

（5）在界面右上方点击"设置"按钮，如图9-34所示。在打开的界面中拖动商品右侧的 按钮，可以调整商品的排列顺序。选中商品后，可以置顶、删除选择的商品，如

图9-35所示。

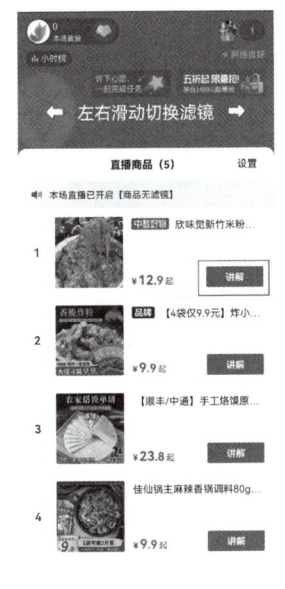

图9-33 讲解商品

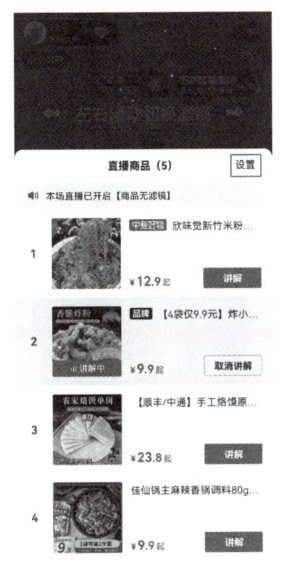

图9-34 点击"设置"按钮

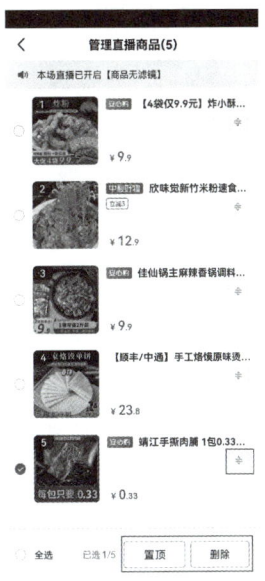

图9-35 管理调整直播商品

知识链接

除了在抖音App管理直播商品外,还可以在PC端使用抖音账号登录巨量百应网站,在左侧选择"直播间商品"选项,在右侧对直播间的商品进行管理。

课堂实训

利用申请的抖音账号开通一场不少于30分钟的直播,添加至少6款直播商品,将商品按照价格的高低进行升序排列(即1号链接商品价格最低),并进行商品讲解的标注。

9.2.7 直播间的设置

主播在直播过程中可对直播间进行一些玩法设置,用来活跃氛围,例如,设置"PK"(对决)、福袋、话题等,具体操作如下。

(1)在抖音直播间左下方点击"PK"按钮,如图9-36所示。

(2)打开"发起PK"界面,主播可以点击"发起随机PK"按钮随机匹配主播,也可以点击"邀请PK"按钮邀请好友进行PK,如图9-37所示。PK连线成功后,直播间会显示自己和对方的直播窗口。

(3)在直播间右下方点击" "按钮,如图9-38所示。在打开的面板的"互动能力"栏中点击"评论"按钮,如图9-39所示。

图 9-36 点击"PK"按钮

图 9-37 发起 PK

图 9-38 点击"…"按钮

图 9-39 点击"评论"按钮

(4) 在打开的界面开启评论功能, 输入评论内容, 然后点击"发送"按钮, 如图 9-40 所示。此时, 直播间中就会滚动显示此条评论, 如图 9-41 所示。

9 抖音直播实战操作   **171**

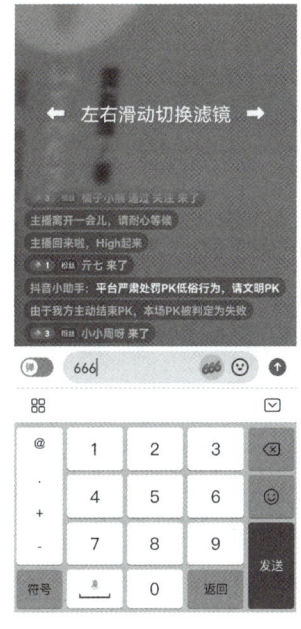

图 9-40　发送评论

图 9-41　显示评论

> **思政小课堂**
>
> 　　直播间经常会有一些不喜欢直播内容，或者单纯想发泄情绪的人，这些人可能会在直播间说一些不文明或极端的话，这不仅会大大影响直播间的氛围，也会影响其他用户的观看体验。这时，主播需要做好直播控评工作。提前设置好需要屏蔽的关键词，控制评论内容，防止直播间出现不好的言论，避免直播间的评论被不良信息带偏，打乱直播节奏。

（5）在直播间界面下方点击"　　"按钮，在打开的面板中点击"福袋"按钮，如图 9-42 所示。

（6）在打开的界面中点击"全民福袋"选项卡，设置人均可得抖币、可中奖人数、参与方式等，然后点击"发起福袋"按钮，如图 9-43 所示。此时，直播间的用户可参与抢福袋，倒计时结束后将展示幸运用户名单。

（7）点击"更多"面板中的"直播管理"按钮，如图 9-44 所示。在打开的界面中点击"+"按钮，即可添加屏蔽词，如图 9-45 所示。

（8）在抖音直播间点击用户头像或评论中的昵称，在打开的界面中点击"管理"按钮，如图 9-46 所示。

（9）在弹出的选项中点击"设为管理员"按钮，即可将该用户设置为直播间管理员，如图 9-47 所示。直播间管理员有禁言、"拉黑"等权限，抖音直播间最多能设置 5 个管理员。

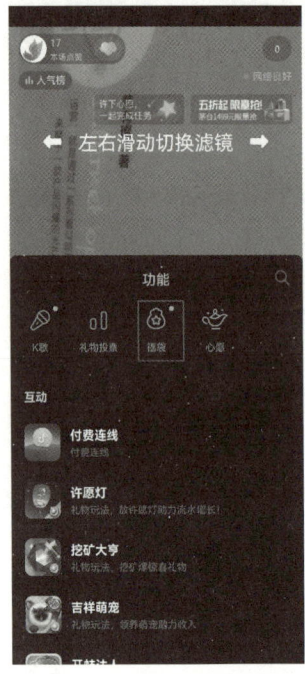

图 9-42 点击"福袋"按钮

图 9-43 发起福袋

图 9-44 点击直播管理

图 9-45 添加屏蔽词

图 9-46　点击"管理"按钮

图 9-47　设置管理员

（10）在"更多"界面中点击"上热门"按钮"DOU+"，如图 9-48 所示。在打开的界面中选择下单金额，点击"支付"按钮，付款成功后即可为直播间进行"引流"，如图 9-49 所示。除了在直播间购买"DOU+"外，用户还可以在看播端购买"DOU+""加热"直播间，如图 9-50 所示。

图 9-48　点击"上热门"按钮

图 9-49　投放 DOU+

图 9-50　看播端投放 DOU+

> **知识链接**
>
> 除了以上设置，抖音直播间还有 K 歌、知识大会、你画我猜等互动玩法，更有直播间装饰美化、设置聊天室等功能，大家可以在使用中挖掘更多有趣的玩法。

> **课堂实训**
>
> 利用申请的抖音账号开通一场直播，至少设置并使用 4 种直播间互动玩法。

9.3 直播数据分析

在直播完成后，主播必须对数据进行仔细分析，回顾直播流程时用数据量化地总结直播表现，然后再制定出相应的方案并进行测试，以优化直播数据。具体的查看直播数据的操作如下。

直播数据分析

（1）在抖音 App 进入"创作者服务中心"界面，从中可以查看数据概览，点击数据概览区域，如图 9-51、图 9-52 所示。

（2）在打开的界面上方点击"场次数据"选项卡，选择要查看的直播场次，如图 9-53 所示。

（3）打开"单场数据"界面，便可查看该场次的直播数据详情，如图 9-54 所示。

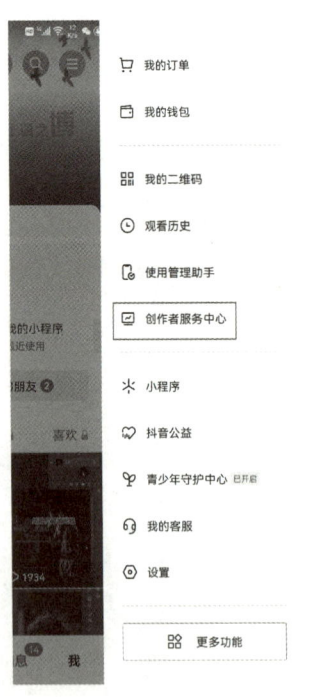

图 9-51　进入"创作者服务中心"

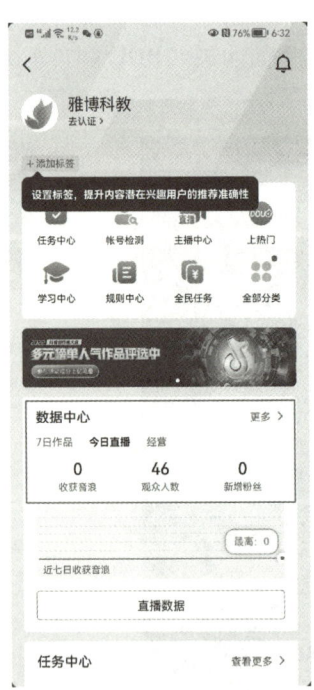

图 9-52　查看数据中心

图 9-53　选择直播场次

图 9-54　查看单场数据

> **课堂实训**
>
> 查看抖音直播的数据，并分析直播中存在的不足和改进方法。

实战演练

一、单项选择题

1. 抖音电商推出于（　　）年。
   A. 2015　　　　　　　B. 2016　　　　　　　C. 2017　　　　　　　D. 2018
2. DOU+的优势不包括（　　）。
   A. 操作便捷　　　　　B. 互动性强　　　　　C. 免费使用　　　　　D. 流量优质
3. 不属于上抖音推荐页要点的是（　　）。
   A. 搬运内容　　　　　B. 风格独特　　　　　C. 更新稳定　　　　　D. 互动积极
4. 进行抖音直播带货之前，需要开通（　　）权限。
   A. 添加精选联盟商品　　　　　　　　　　　B. 添加第三方平台商品
   C. 商品分享　　　　　　　　　　　　　　　D. 发布直播预告
5. 除了在抖音 App 管理直播商品外，还可以登录（　　）网站进行商品管理。
   A. 巨量百应　　　　　　　　　　　　　　　B. 巨量引擎
   C. 巨量千川　　　　　　　　　　　　　　　D. 抖音直播中控台

二、多项选择题

1. 抖音平台的特点有（　　）。
   A. 短、平、快　　　　　　　　　　B. 用户群体量大
   C. 无法精准推送　　　　　　　　　D. 互动性强
2. 抖音的三大流量入口是（　　）。
   A. 推荐页　　　B. 消息页　　　C. 关注页　　　D. 同城页
3. 抖音关注页的涨粉技巧有（　　）。
   A. 体现价值　　　B. 领域垂直　　　C. 内容丰富　　　D. 提升互动
4. 抖音直播间有（　　）等互动玩法功能。
   A. 评论　　　B. 福袋　　　C. 话题　　　D. PK
5. 为了优化直播 DOU+ 的投放效果，主播要在（　　）方面下功夫。
   A. 给用户"种草"　　　B. 用户互动　　　C. 选品　　　D. 直播间人气

三、判断题

1. 通过 DOU+ 推广曝光作品，不需要根据作品的类型和受众进行定位。（　　）
2. Feed 流是快手推出的直播间付费推广工具。（　　）
3. 抖音同城页是给本地的用户观看的内容，可以快速获得本地流量。（　　）
4. 抖音平台不能添加并销售苏宁、京东等第三方平台的商品。（　　）
5. 投放 DOU+ 时，可以在开播前利用短视频预热投放，也可以在直播过程中直接"加热"直播间。（　　）

四、简答题

1. 请写出开通抖音商品橱窗的流程。
2. 请写出 DOU+ 的四大功能。
3. 根据抖音直播的带货操作，总结直播带货的流程，并撰写一份简要的总结。